АЛЛА РОДИМКИНА, НИЛ ЛАНДСМАН
ALLA RODIMKINA, NEIL LANDSMAN

РОССИЯ: ЭКОНОМИКА И ОБЩЕСТВО
RUSSIA: ECONOMICS AND SOCIETY

Тексты и упражнения
Texts and Exercises

Санкт-Петербург
«Златоуст»

2007

УДК 811.161.1

Родимкина А., Ландсман Н.

Россия: экономика и общество. Тексты и упражнения. — СПб.: Златоуст, 2007. — 160 с.

Rodimkina A., Landsman N.

Russia: Economics and Society. Texts and Exercises. — St. Petersburg: Zlatoust, 2007. — 160 p.

Зав. редакцией: *А.В. Голубева*

Редактор: *И.В. Евстратова*

Корректор: *М.О. Насонкина*

Верстка: *Л.О. Пащук*

Для англоговорящих учащихся, владеющих русским языком в объеме I–II сертификационного уровня (В1–В2). 16 текстов из современной российской периодики, интересных с точки зрения языка и страноведения. Тексты адаптированы и снабжены русско-английским словарем, упражнениями и заданиями для развития навыков устной и письменной речи. Ключи. Материалы могут использоваться для лексической, грамматической работы, на занятиях по переводу, в учебных дискуссиях и играх.

ISBN 978-5-86547-423-4

Подготовка оригинал-макета: издательство «Златоуст».
Подписано в печать 28.02.2007. Формат 60×90/8. Печ. л. 10. Печать офсетная. Тираж 3000 экз. Заказ № 309.
Код продукции: ОК 005-93-953005.

Санитарно-эпидемиологическое заключение на продукцию издательства Государственной СЭС РФ № 78.01.07.953.П.001928.03.05 от 11.03.2005 г.

Издательство «Златоуст»: 197101, Санкт-Петербург, Каменноостровский пр., д. 24, кв. 24.
Тел.: (+7-812) 346-06-68, факс: (+7-812) 703-11-79, e-mail: sales@zlat.spb.ru, http://www.zlat.spb.ru

Отпечатано по технологии CtP в ОАО «Печатный двор» им. А. М. Горького.
197110, Санкт-Петербург, Чкаловский пр., 15.

Содержание • Contents

ПРЕДИСЛОВИЕ • INTRODUCTION

One of the outstanding phenomena of the first few years of the 21st century has been the emerging economic power of Russia, China and India. These three countries are now at the forefront of the economic boom in a whole host of areas. Where Russia is concerned, the focus of attention has been on various takeover bids and mergers, especially in the oil and steel industries. It can be no accident that Russia was given the presidency of the G8 in 2006 after the key summit in St. Petersburg. Many Russian personalities in world affairs such as the billionaire Roman Abramovich, the governor of Chukotka and owner of championship winning Chelsea football club, Anatoli Chubais, chief executive of UES, Russia's biggest power generator, and former Soviet leader Mikhail Gorbachev, the founder of the Geneva-based environmental group Green Cross International, have been headline figures in recent months in debates on the restructuring of investments in the Russian steel industry, the liberalisation of the electricity market in Russia and the search for non-traditional sources of energy. The devalued and derided Russian rouble, which had been largely displaced by harder currencies after the collapse of the Soviet Union, has stabilised since Putin became president in 2000. The Russian Parliament has decided to raise the rouble's profile to match Russia's newfound status as an energy superpower. Putin announced in May 2006 that later this year the rouble should be fully convertible for the first time since 1917.

The texts in this book relate to many of the issues which are finding their way onto the pages of the Russian press and are of concern to the average Russian. The topics include the so-called stabilisation fund, investment opportunities, the unprecedented spread of telecommunications, and the growth of the Russian stock market. The various advantages and disadvantages for all levels of the population are clearly outlined in the passages, such as the ever growing gap between rich and poor. Associated themes covered are the proliferation of designer labels, credit card use and the negative effects of advertising.

In line with the tendency to link language study with area studies (the famous Russian concept of "stranovedeniye"), the authors strive to combine various lexical, grammatical and creative role-play exercises with texts specifically aimed at those students who are prospective businessmen and economists and have every intention of working for joint companies and other enterprises in the expanding Russian market. With this end in view students are exposed to the above range of exercises designed to enrich their economic and business vocabulary and introduce them to the complexities of the Russian business world. Readers of our previous textbooks will take comfort in the fact that the structure of the latest book follows the pattern which has proved successful in the past. It will in some measure answer the need for up-to-date materials of a business nature in the field of Russian studies. As more and more Russians travel abroad and educational and business contacts are established by such organisations as the British Council in the outlying regions of Russia, the authors hope that the necessity for a textbook of this type will become glaringly apparent.

TEXT 1 • ТЕКСТ 1

1 **Прочитайте следующий текст и отметьте, какие из нижеприведённых утверждений соответствуют его содержанию, а какие — нет.**
Read the text and indicate which of the following statements are true and which are false.

	Да	Нет
1) Стабилизационный фонд создан для накопления доходов населения.		
2) К февралю 2006 г. размер фонда достигнет 100 млрд. долларов.		
3) Использование средств стабфонда на социальные нужды может привести к инфляции.		
4) В России осуществлена программа всеобщей компьютеризации молодёжи.		
5) Российские владельцы ноутбуков могут бесплатно пользоваться Интернетом.		
6) Во многих районах страны дороги всё ещё плохие.		
7) В 1990-е годы рождаемость в России была высокой.		
8) Повышения рождаемости можно достигнуть путём открытия банковских счетов для новорождённых.		

ДЕНЕГ ДОСТАТОЧНО

ДОХОДНЫЙ ГОД

доходный — profitable

Стабилизацио́нный фонд был образо́ван в 2004 году́ для аккумуля́ции бюдже́тных **дохо́дов** от дорого́й не́фти. Тогда́ цена́ не́фти подняла́сь до 34,1 до́ллара за ба́ррель. В 2005 году́, по **оце́нке** Це́нтра разви́тия, нефть подорожа́ла ещё в полтора́ ра́за, до 51 до́ллара за ба́ррель. Уже́ за 2004 год в стабфо́нде **накопи́лось** 522,3 млрд. руб., а на 1 декабря́ 2005 го́да — 1236,5 млрд. руб. И э́то несмотря́ на то что в нача́ле 2005 го́да прави́тельство **досро́чно** вы́платило из фо́нда 523,6 млрд. руб. по креди́там **МВФ** и стран — чле́нов Пари́жского клу́ба[1].

доход — revenue
оценка — assessment
накопиться — to accumulate
досрочно — before the appointed time
МВФ — *abbr. of* Международный валютный фонд (International Monetary Fund — IMF)

К 1 февраля́ 2006 го́да, по **расчётам** экономи́ста Це́нтра разви́тия Ната́льи Акинди́новой, **копи́лка распу́хнет** до 1600–1700 млрд. руб. Е́сли нефть в 2006 году́ не подешеве́ет и бу́дет сто́ить в сре́днем 50 до́лларов за ба́ррель, то в стабфо́нд посту́пит ещё **поря́дка** 1200 млрд. руб. и разме́р фо́нда, по расчётам Акинди́новой, дости́гнет символи́чных 100 млрд. до́лларов.

расчёты — estimates
копилка — piggy bank
распухнуть — to swell
порядка — about

СКОЛЬКО НУЖНО ДЕНЕГ

Чем быстре́е растёт стабфо́нд, тем бо́льше люде́й **призыва́ют** его́ тра́тить. Одна́ко, по **единоду́шному** мне́нию экономи́стов, нельзя́ направля́ть де́ньги стабфо́нда **напряму́ю** на реше́ние социа́льных пробле́м, хотя́, по да́нным опро́са социологи́ческой слу́жбы «Башки́рова и партнёры», 55 % россия́н поддержа́ли бы тако́й вариа́нт. Инфля́ция бы́стро съест все вы́плаченные де́ньги и сде́лает бе́дных ещё бедне́е.

призывать — to urge
единодушный — unanimous
напрямую — directly

КОМПЬЮТЕРИЗАЦИЯ ВСЕЙ СТРАНЫ

«Е́сли про́сто разда́ть де́ньги нельзя́, то гла́вными **претенде́нтами** на де́ньги стабфо́нда должны́ быть нау́ка и образова́ние», — говори́т Алекса́ндр Музафа́ров из це́нтра «Башки́рова и партнёры» (э́тот вариа́нт поддержа́ли и 17 % россия́н). По его́ мне́нию, э́то мо́жет быть програ́мма всео́бщей компьютериза́ции молодёжи, ведь в Росси́и

претендент — claimant

---
[1] Intergovernmental finance organisation, which Russia joined in 1997. It functions in close partnership with the IMF and gives credits to state structures.

большинство́ роди́телей не мо́гут **позво́лить себе́** купи́ть ребёнку компью́тер. Во мно́гих стра́нах ми́ра вла́сти предлага́ют разли́чную подде́ржку уча́щимся, кото́рые покупа́ют компью́теры, говори́т сотру́дник пресс-слу́жбы Intel («Йнтел») Все́волод Семенцо́в. «А в Ита́лии госуда́рство опла́чивает Интерне́т за студе́нтов, кото́рые приобрета́ют ноутбу́ки», — добавля́ет он.

позволять себе — to afford

По оце́нке ви́це-президе́нта «Формо́зы» Влади́мира Шаро́ва, первонача́льные **затра́ты** госуда́рства на заку́пку компью́теров для 10-ле́тних мо́гут соста́вить о́коло 7,7 млрд. до́лларов. Пото́м с учётом ре́зкого **спа́да рожда́емости** середи́ны 90-х гг. придётся тра́тить не бо́льше 1 млрд. до́лларов в год. Мини́стр образова́ния Андре́й Фу́рсенко подде́рживает иде́ю компьютериза́ции, бо́лее того́, он счита́ет, что госуда́рству сле́довало бы опла́чивать **до́ступ** шко́льников к **скоростно́му** Интерне́ту.

затраты — costs

спад рождаемости — decline in the birthrate

доступ — access

скоростной — high-speed

ДОРОГИ, МОСТЫ И ПОРТЫ

Гендире́ктор Це́нтра экономи́ческого ана́лиза и **краткосро́чного** прогнози́рования Андре́й Белоу́сов счита́ет, что де́ньги стабфо́нда сто́ит потра́тить на финанси́рование строи́тельства доро́г и порто́вого хозя́йства. Плохи́е доро́ги во мно́гих райо́нах страны́ меша́ют разви́тию произво́дств, а сла́бая порто́вая инфраструкту́ра **сде́рживает** э́кспорт. Второ́е направле́ние — строи́тельство но́вых **энергомо́щностей**, дефици́т кото́рых уже́ сейча́с заставля́ет компа́нии перепла́чивать за **присоедине́ние** но́вых мо́щностей к **энергосетя́м**. Зада́ча но́мер три, по ве́рсии Белоу́сова, — ускóрить рефо́рму **ЖКХ**, вкла́дывая нефтяны́е де́ньги в ремо́нт и модерниза́цию коммуна́льных систе́м и освобожда́я от э́той **нагру́зки** бюдже́т.

краткосрочный — short-term

сдерживать — to keep back

энергомощности — energy installations

присоединение — connection

энергосеть — energy grid

ЖКХ — *abbr. of* жилищно-коммунальное хозяйство (housing and communal services)

нагрузка — burden

ЧЁРНЫЕ ДЫРЫ

дыра — hole

Претенду́ет на сре́дства стабфо́нда и пенсио́нная систе́ма. Пра́вда, не сейча́с, а через 5–10 лет. По оце́нке **Счётной пала́ты**, в 2008 году́ пенсио́нный дефици́т дости́гнет 495 млрд. руб. В но́вом десятиле́тии ситуа́ция уху́дшится: основна́я нагру́зка по обеспе́чению пенсионе́ров ля́жет на малочи́сленное поколе́ние роди́вшихся в 1990-х гг.

Счётная палата — Treasury

ВСЁ ЛУЧШЕЕ — ДЕТЯМ

Тра́тить де́ньги в бу́дущем мо́жно не то́лько на пенсионе́ров, но и на дете́й. Часть средств, нако́пленных в стабфо́нде, госуда́рство мо́жет положи́ть на **счета́** новорождённых, что́бы через 18 лет они́ смогли́ потра́тить их **исключи́тельно** на образова́ние и́ли поку́пку кварти́ры, предлага́ет экономи́ст информацио́нного бюро́ «Траст» Евге́ний Надо́ршин. По расчётам Це́нтра по изуче́нию пробле́м народонаселе́ния МГУ, в 2007–2010 гг. рожда́емость в Росси́и соста́вит около 1,5 млн. челове́к. Да́же е́сли прави́тельство бу́дет **распределя́ть** то́лько **проце́нты** от **управле́ния** стабфо́ндом, ка́ждый младе́нец, роди́вшийся в сле́дующие шесть лет, мо́жет **рассчи́тывать** на 3000 до́лларов. Е́сли вкла́дывать э́ти де́ньги в надёжные **акти́вы**, то к 18 года́м у ка́ждого ребёнка на счёте бу́дет лежа́ть от 6000 до 9000 до́лларов, посчита́л Надо́ршин. Но е́сли це́ны на нефть не упаду́т, то прави́тельство мо́жет **вы́делить** новорождённым и по 10 000 до́лларов. Тогда́ через 18 лет у ребёнка бу́дет 20 000–30 000 до́лларов.

Е́сли госуда́рство реши́тся на э́то, то мы полу́чим увеличе́ние рожда́емости, уве́рен Надо́ршин. Она́ в Росси́и снижа́ется: в 2000–2005 гг. **на ка́ждую же́нщину приходи́лась** 1,1 ребёнка при необходи́мом у́ровне **воспроизво́дства** — 2,1. Для эконо́мики **отрица́тельных после́дствий** ждать не сто́ит. Е́сли **объём ВВП** через 20 лет дости́гнет 3,5 трлн. до́лларов, то таки́е влива́ния в эконо́мику не бу́дут име́ть отрица́тельных после́дствий. Одна́ко социо́логи уве́рены, что населе́ние не подде́ржит э́ту иде́ю. Россия́не **по́просту** не привы́кли **загля́дывать** на 18 лет вперёд.

счёт — bank account
исключительно — exclusively
распределять — to distribute
проценты — interest
управление — management
рассчитывать (на) — to count (on)
активы — assets
выделить — to allocate
на каждую женщину приходилась — each woman had on average
воспроизводство — reproduction
отрицательные последствия — negative consequences
объём — size
ВВП — *abbr. of* валовой внутренний продукт (Gross Domestic Product — GDP)
попросту — simply
заглядывать — to look

(По материалам статей Б. Грозовского, А. Панова, А. Петрачкова и Р. Дорохова — газета «Ведомости» от 13.12.05)

2 **Замените выделенные слова антонимами.**
Replace the italicised words with their antonyms.

тридцати четырёх и одной десятой

1) Это был *убыточный* год.

2) В 2004 году цена на нефть *опустилась* до 34,1 доллара за баррель.

3) В следующем году нефть *подешевела* в полтора раза.

4) Чем *медленнее* растёт стабфонд, тем *меньше* людей призывают его *копить*.

5) *Меньшинство* родителей могут позволить себе купить ребёнку компьютер.

6) С учётом *плавного* спада *смертности* на закупку компьютеров для 10-летних придётся тратить около 1 млрд. долларов в год.

7) Так считает директор Центра *долгосрочного* прогнозирования.

8) *Хорошие* дороги *помогают* развитию производства.

9) Дефицит энергомощностей заставляет компании *недоплачивать* за присоединение *старых* мощностей к энергосетям.

10) Задача — *замедлить* реформу ЖКХ.

11) В новом десятилетии ситуация *улучшится*.

12) Поколение тех, кто родился в 1990-х годах, было *многочисленным*.

13) Рождаемость в России *повышается*.

14) Не стоит ждать *положительных* последствий для экономики.

15) Россияне не привыкли заглядывать на много лет *назад*.

3 **Употребите прилагательные и наречия, данные в скобках, в сравнительной степени.**
Use the adjectives and adverbs in brackets in the comparative form.

1) Нефть становится не ___________ (дешёвый), а ___________ (дорогой).

2) Правительство выплатило долг ___________ (рано), чем было запланировано.

3) Чем ___________ (быстро) растёт стабфонд, тем ___________ (много) людей призывают его тратить.

4) Инфляция быстро сделает бедных ещё ___________ (бедный).

5) Рождаемость в стране становится ___________ (низкий).

6) Дороги стали ___________ (плохой).

7) Нагрузки на бюджет оказались ___________ (высокий), чем предполагалось.

8) Это поколение ___________ (малочисленный), чем предыдущее.

4 **В следующих предложениях употребите нижеприведённые существительные в правильной форме. Обратите внимание, что в некоторых случаях возможны варианты.**
In the following sentences use the nouns below as appropriate. Note that there can be more than one choice.

новорождённый, младенец, ребёнок / дети, подросток, тинейджер, несовершеннолетний, юноша, девушка, молодой человек

1) В 2000–2005 гг. на каждую женщину приходилась 1,1 __________ при необходимом уровне воспроизводства — 2,1.

2) Каждый __________, родившийся в следующие шесть лет, может рассчитывать на 3000 долларов.

3) Их сын ещё __________ и не может голосовать.

4) В роддоме сообщили, что __________ весит 4 килограмма.

5) В нашей стране был популярен лозунг «Всё лучшее — __________».

6) В спортивном параде участвовали __________ и девушки.

7) Дискотеки и другие подобные тусовки посещают в основном __________.

8) Пресс-секретарём оказался симпатичный __________ лет 20–25.

9) У этой пары нет __________, поэтому они взяли __________ из детского дома.

10) Прошли соревнования по плаванию свободным стилем среди __________ не старше 18 лет.

5 Напишите выделенные сокращения полностью в правильной грамматической форме.
Write the italicised contractions and acronyms in full as appropriate.

1) За 2004 год в *стабфонде* накопилось 522,3 *млрд. руб.*

2) В начале года правительство заплатило по кредитам *МВФ*.

3) Важное направление — строительство новых *энергомощностей*.

4) Задача номер три — ускорение реформы *ЖКХ*.

5) По расчётам учёных *МГУ*, в 2007–2010 *гг.* рождаемость в России составит около 1,5 *млн.* человек.

6) Если объём *ВВП* через 20 лет достигнет 3,5 *трлн.* долларов, то такие вливания в экономику не будут иметь отрицательных последствий.

6 Напишите выделенные числительные словами.
Write the italicised numerals in full.

1) Стабилизационный фонд был образован в *2004* году.

2) Тогда цена нефти поднялась до *34,1* доллара за баррель.

3) В *2005* году нефть подорожала до *51* доллара за баррель.

4) За *2004* год в стабфонде накопилось *522,3* млрд. руб., а на *1* декабря *2005* года — *1236,5* млрд. руб.

5) В начале *2005* года правительство выплатило из фонда *523,6* млрд. руб.

6) К *1* февраля 2006 года копилка распухнет до *1600–1700* млрд. руб.

7) Если нефть в *2006* году не подешевеет, то в стабфонд поступит ещё порядка *1200* млрд. руб. и размер фонда достигнет *100* млрд. долларов.

8) Около *55* процентов населения поддержали бы такой вариант.

9) С учётом резкого спада рождаемости середины *90-х* годов на закупку компьютеров для 10-летних придётся тратить не больше *1* млрд. долларов в год.

10) В *2008* году пенсионный дефицит достигнет *495* млрд. руб.

11) В *2007–2010* годах рождаемость в России составит около *1,5* млн. человек.

12) К *18* годам у каждого ребёнка на счёте будет лежать от *6000* до *9000* долларов.

7 **Дополните следующие условные предложения, употребив в них глаголы, данные в скобках, в правильной форме.**
Complete the following conditional clauses by using the verbs in brackets in the correct form.

1) Если нефть в 2006 году не ___________ (дешеветь / подешеветь) и ___________ (стоить) 50 долларов за баррель, то размер стабфонда достигнет 100 млрд. долларов.

2) Если ___________ (пускать / пустить) деньги стабфонда на решение социальных проблем, то инфляция быстро съест все выплаченные деньги.

3) Если правительство ___________ (решать / решить) рационально использовать деньги стабфонда, то главными претендентами на них должны быть наука и образование.

4) Если государство не ___________ (предпринимать / предпринять) мер по поддержанию пенсионной системы, то в 2008 году пенсионный дефицит достигнет 495 млрд. руб.

5) Если бы родители ___________ (мочь / смочь) позволить себе купить ребёнку компьютер, то они бы это давно сделали.

6) Если итальянский студент ___________ (покупать / купить) ноутбук, то государство оплачивает за него Интернет.

7) Если часть средств стабфонда ___________ (класть / положить) на счета новорождённых, то каждый младенец сможет рассчитывать на 3000 долларов.

8) Если цены на нефть не ___________ (падать / упасть), то правительство сможет выделить новорождённым по 10 000 долларов.

9) Если государство ___________ (решаться / решиться) на это, то мы получим увеличение рождаемости.

10) Если объём ВВП через 20 лет ___________ (достигать / достигнуть) 3,5 трлн. долларов, то такие вливания в экономику не будут иметь отрицательных последствий.

8 **Дополните следующие предложения, употребив в них нижеприведённые глаголы в правильной форме. Обратите внимание на возможность вариантов.**
Complete the following sentences by using the verbs below as appropriate. Note that sometimes more than one choice is possible.

дать / давать; выдать / выдавать; задать / задавать; издать / издавать; отдать / отдавать; передать / передавать; подать / подавать; предать / предавать; придать / придавать; продать / продавать; раздать / раздавать; сдать / сдавать

1) Если нельзя просто так ___________ деньги стабфонда, то главными претендентами на них должны быть наука и образование.

2) В настоящее время Россия ___________ газ странам Европы по рыночным ценам.

3) Многие люди ___________ свои деньги на хранение в банк.

4) Каждый месяц он ___________ часть своей зарплаты на благотворительные цели.

5) По радио ___________, что средства стабфонда хранятся в Центробанке.

6) Она всегда ___________ вопросы, на которые невозможно ответить.

7) В результате правительственного кризиса министр решил ___________ в отставку.

8) В прошлом году мать ___________ сыну деньги на школьный обед, а в этом году он носит свои бутерброды.

9) Популярную газету «Аргументы и факты» ___________ во всех газетных киосках.

10) Считается, что галстук ___________ мужчине солидный вид.

11) Друзья отвернулись от него, так как он, по их мнению, ___________ их.

12) Во время уроков школьники часто ___________ друг другу записки.

9 **Трансформируйте следующие простые предложения в сложноподчинённые, употребив в них различные придаточные предложения.**
Rewrite the following simple sentences so that they become complex ones containing various subordinate clauses.

Образец: Стабилизационный фонд был образован *для аккумуляции бюджетных доходов от дорогой нефти*.
→ Стабилизационный фонд был образован *для того, чтобы аккумулировать бюджетные доходы от дорогой нефти*.

1) Стабилизационный фонд увеличился *несмотря на выплату из него 523,6 млрд. руб. по кредитам МВФ*.

2) *При цене нефти 50 долларов за баррель* в стабфонд поступит ещё около 1200 млрд. руб.

3) *По мнению экономистов*, деньги стабфонда нельзя направлять на решение социальных проблем.

4) В Италии государство оплачивает Интернет за студентов, *покупающих ноутбуки*.

5) *При инвестировании денег в ремонт и модернизацию коммунальных систем* реформа ЖКХ ускорится.

6) Основная нагрузка по обеспечению пенсионеров ляжет на поколение *родившихся в 1990-х гг.*

7) Часть средств, *накопленных в стабфонде*, государство может положить на счета новорождённых.

8) *При вкладывании денег в надёжные активы* у каждого ребёнка к его совершеннолетию на счёте будет лежать от 6000 до 9000 долларов.

10 **Дополните выделенные вводные предложения соответствующими лексическими единицами. Обратите внимание на возможность вариантов.**
Use the appropriate words to complete the italicised parentheses. Note that sometimes more than one choice is possible.

1) В 2005 году, *по ___________ Центра развития*, нефть подорожала в полтора раза.

2) К февралю, *по ___________ экономистов Центра развития*, копилка распухнет до 1600–1700 млрд. руб.

3) *По единодушному* ___________ *экономистов*, нельзя направлять деньги стабфонда напрямую на решение социальных проблем.

4) *По* ___________ *опроса социологической службы*, более половины россиян поддержали бы этот вариант.

5) *По* ___________ *вице-президента «Формозы»*, первоначальные затраты государства на закупку компьютеров для 10-летних могут составить около 7,7 млрд. долларов

6) Задача номер три, *по* ___________ *Белоусова*, — ускорить реформу ЖКХ.

7) *По* ___________ *Счётной палаты*, в 2008 году пенсионный дефицит достигнет 495 млрд. руб.

8) *По* ___________ *Центра по изучению проблем народонаселения МГУ*, в 2007–2010 гг. рождаемость в России составит около 1,5 млн. человек.

11 Исправьте лексические ошибки в следующих предложениях.
The following sentences contain lexical mistakes. Correct them.

1) К февралю, по просчётам экономистов, стабильный фонд увеличится до 1600–1700 млрд. руб.

2) В этом году в фонд вступит ещё непорядка 1200 млрд. руб., и размер фонда достигнет символичных 100 млрд. юаней.

3) По единогласному мнению экономистов, нельзя отправлять деньги стабфонда на решение социалистических проблем.

4) По данным вопроса социалистической службы, многие российские подержали бы такой вариант.

5) Инфляция может выпить все выплаканные деньги и сделать малоимущих ещё богаче.

6) Большинство родителей не могут разрешить себе купить ребёнку компьютер.

7) Министр поддерживает мысль компьютеризации и считает, что государство должно оплачивать доступность школьников к скорому Интернету.

8) Гендиректор Центра экономного анализа утверждает, что деньги стабфонда стоит потратить на финансирование портового хозяйствования.

9) Задача цифра три, по варианту экономиста, — ускорение реформы жилищно-комунального хозяйствования.

10) Если вкладывать деньги в надёжные перспективы, то у каждого ребёнка к 18 годам на расчёте будет лежать до 9000 долларов.

12 Восстановите следующий текст.
Restore the following text.

Стабилизационные фонды существуют не только в стран_____, но и в отдельн_____ регионах, богат_____ нефтью, наприм_____ в американском штат_____ Аляска. Фонд Аляск_____ был созд_____ в 1976 год_____ в результ_____ референдума среди жител_____ штата. Цель фон_____ — сохранить прибыль от неф_____ для буду_____ поколений. В фонд отчисляется 25 процен______ средств, получен______ правительством шта______ от нефтя______ компаний. Дивиденды ежегод______ делятся между жител______ Аляски.

13 Переведите следующие предложения на английский язык.
Translate the following sentences into English.

1) Во многих странах существует та или иная разновидность стабилизационного фонда.

2) В России основные доходы в государственный бюджет поступают от продажи нефти, цена на которую постоянно растёт.

3) В отличие от профессиональных экономистов простые россияне считают, что деньги стабфонда следует тратить на решение социальных проблем.

4) Экономисты утверждают, что повышение зарплат и пенсий приведёт к безудержной инфляции, которая сделает бедных ещё беднее.

5) Необходимо вкладывать деньги в науку и образование и осуществить программу компьютеризации молодёжи.

6) Компактные ноутбуки постепенно вытесняют традиционные персональные компьютеры.

7) Строительство хороших дорог и развитие портового хозяйства — одна из важнейших задач российской экономики.

8) Из-за низкой рождаемости в будущем могут возникнуть проблемы с пенсионным обеспечением населения.

9) Некоторые экономисты предлагают часть средств стабфонда положить на счета новорождённых, с тем чтобы через 18 лет те смогли потратить эти деньги на образование.

10) Рождаемость в стране снижается и не достигает необходимого уровня воспроизводства.

14 Выделите основные предложения по использованию стабфонда, обсуждаемые в тексте. Какое из них кажется вам наиболее важным?
Outline the main propositions for spending the Stabilisation Fund discussed in the above article. Which of them do you find worth most consideration?

15 Представьте, что вы социолог. Проведите социологический опрос среди студентов вашей группы с целью выяснить, как бы они потратили стабфонд.
Imagine that you are a sociologist. Role-play a survey among your fellow students to find out their ideas about spending the Stabilisation Fund.

16 Существует ли в вашей стране стабилизационный фонд в каком-либо виде? Как он расходуется?
Does some kind of stabilisation fund exist in your country? On what is it spent?

TEXT 2 • ТЕКСТ 2

1 **Прочитайте следующий текст и отметьте, какие из нижеприведённых утверждений соответствуют его содержанию, а какие — нет.**
Read the text and indicate which of the following statements are true and which are false.

	Да	Нет
1) Кредитный рейтинг России имеет инвестиционный уровень.		
2) Кредитный рейтинг России повысили российские рейтинговые агентства.		
3) Политические риски в России в настоящее время отсутствуют.		
4) Сделку по продаже основного актива ЮКОСа «Юганскнефтегаза» трудно назвать прозрачной.		
5) Приток нефтедолларов в Россию уменьшился.		
6) Произошло улучшение показателей государственной задолженности и внешней ликвидности.		
7) Согласно пессимистической точке зрения, говорить об увеличении прямых инвестиций в страну слишком рано.		
8) С ростом интеграции российского фондового рынка в мировую финансовую систему зависимость российской экономики от качества макроэкономической политики будет сокращаться.		

РОССИЙСКИЙ ДОЛГ ВЫШЕЛ В ВЫСШУЮ ЛИГУ

Аге́нтство Standard & Poor's («Стэ́ндард энд Пу́эрс») повы́сило креди́тный ре́йтинг Росси́и. Тепе́рь её **долг облада́ет инвестицио́нным ка́чеством**, по мне́нию всех трёх веду́щих ре́йтинговых аге́нтств ми́ра — Moody's («Му́дис»), Fitch («Фитч») и S&P («Эс энд Пи»).

долг обладает инвестиционным качеством — debt has led to a high assessment level

РУССКИЙ STANDARD

Standard & Poor's — после́днее из ре́йтинговых аге́нтств, реши́вшее подня́ть креди́тный ре́йтинг Росси́и до инвестицио́нного у́ровня. Напо́мним, что Moody's сде́лало э́то в октябре́ 2003 го́да, а Fitch — в ноябре́ 2004.

Реше́ние S&P на ры́нке жда́ли давно́, но тем не ме́нее оно́ ста́ло **до не́которой сте́пени** неожи́данным. Де́ло в том, что до после́днего вре́мени аге́нтство заявля́ло, что не повыша́ет креди́тный ре́йтинг Росси́и в связи́ с высо́кими полити́ческими ри́сками, свя́занными, в ча́стности, со слу́чаями **пресле́дования** ча́стных компа́ний со стороны́ госуда́рства. Отме́тим, что така́я пози́ция явля́ется «фи́рменным сти́лем» S&P — э́то аге́нтство бо́льше други́х обраща́ет внима́ние и́менно на полити́ческие ри́ски.

до некоторой степени — to some extent
преследование — victimisation

Коне́ц 2004 го́да я́сно показа́л, что ситуа́ция в да́нной сфе́ре развива́ется «от плохо́го к ху́дшему». Бо́лее чем стра́нная исто́рия с прода́жей основно́го **добыва́ющего акти́ва** Ю́КОСа, Юга́нскнефтега́за, **вы́лилась** в междунаро́дный сканда́л, поско́льку назва́ть **сде́лку прозра́чной вряд ли у кого́ поверну́лся бы язы́к**. Не доба́вили оптими́зма и **прете́нзии нало́говых о́рганов** к Вымпелко́му, вы́звавшие **обва́л** на росси́йском **фо́ндовом ры́нке** —инве́сторы в па́нике реши́ли, что судьба́ Ю́КОСа мо́жет быть **угото́вана** ещё мно́гим веду́щим росси́йским компа́ниям.

добывающий актив — extraction sector
вылиться — to turn into
сделка — deal
прозрачный — transparent
вряд ли у кого повернулся бы язык — nobody would venture
претензия — claim
налоговый орган — tax authority
обвал — collapse
фондовый рынок — stock market
уготован — in store

Тем не ме́нее 31 января́ 2005 го́да S&P всё-таки повы́сило ре́йтинг Росси́и. Под влия́нием неверо́ятного **прито́ка** в страну́ нефтедо́лларов поли́тика отошла́ на второ́й план. «Повыше́ние ре́йтингов отража́ет неда́внее значи́тельное улучше́ние **показа́телей** госуда́рственной **задо́лженности** и вне́шней ликви́дности, — отме́тила креди́тный анали́тик S&P Хеле́на Хе́ссел. — Э́то улучше́ние столь значи́тельно, что **уравнове́шивает** серьёзный и возраста́ющий полити́ческий риск, кото́рый по-пре́жнему

приток — influx
показатель — indicator
задолженность — debt
уравновешивать — to counterbalance

остаётся ключевы́м ограничи́тельным фа́ктором ро́ста ре́йтинга Росси́и».

Анали́тики Райффа́йзенба́нка отмеча́ют: «Ре́йтинг от S&P ста́вит Росси́ю в класс стран с инвестицио́нным ре́йтингом. Э́то даёт основа́ние консервати́вным инве́сторам, кото́рые мо́гут инвести́ровать то́лько в **акти́вы** с инвестицио́нным ре́йтингом (не́которые америка́нские пенсио́нные фо́нды, часть континента́льных инве́сторов), покупа́ть росси́йские бума́ги».

актив — asset

Евге́ний Гавриле́нков, гла́вный экономи́ст компа́нии «Тро́йка Диало́г», ука́зывает: «Прихо́д за́падных инвести́ций, конкуре́нция за э́ти инвести́ции напряму́ю влия́ют на повыше́ние **производи́тельности** предприя́тий. Повыше́ние **конкуре́нтности**, есте́ственно, ведёт к повыше́нию эффекти́вности. Кро́ме того́, инвести́ции мо́гут принести́ с собо́й и другу́ю культу́ру, пре́жде всего́ корпорати́вную».

производительность — productivity
конкурентность — competition

Име́ются и бо́лее пессимисти́чные то́чки зре́ния. Андре́й Стоя́нов, замести́тель нача́льника отде́ла ана́лиза ры́нка **а́кций** Росба́нка, отмеча́ет: «Рост интере́са консервати́вных глоба́льных инвестицио́нных фо́ндов к росси́йским а́кциям возмо́жен лишь в том слу́чае, е́сли в соста́ве глоба́льных фо́ндовых и́ндексов, на кото́рые и ориенти́руются э́ти фо́нды, **до́ля** росси́йских компа́ний вы́растет. Одна́ко э́та до́ля не мо́жет измени́ться администрати́вным путём — для э́того необходи́мо, что́бы вы́росла капитализа́ция росси́йских компа́ний **относи́тельно** други́х развива́ющихся ры́нков. Кро́ме того́, и́ндекс **пересма́тривается** лишь два ра́за в год, и сле́дующая реви́зия должна́ состоя́ться в ма́е. Говори́ть же об увеличе́нии прямы́х инвести́ций пока́ сли́шком ра́но — ре́йтинг не явля́ется гла́вной оце́нкой их риско́ванности. **Переоце́нки** э́того ри́ска не предви́дится, поско́льку госуда́рство не собира́ется сдава́ть свои́ монопо́льные пози́ции не то́лько в **сырьево́м** се́кторе, но и в телекоммуника́циях и энерге́тике».

акции — stock, share
доля — share
относительно — in relation to
пересматриваться — to be reviewed
переоценка — re-evaluation
сырьевой — raw goods

Отме́тим, что така́я пози́ция госуда́рства в сложи́вшихся усло́виях мо́жет сто́ить ры́нку намно́го бо́льше, чем ра́ньше. С ро́стом интегра́ции росси́йского фо́ндового ры́нка в мирову́ю фина́нсовую систе́му зави́симость росси́йской эконо́мики от **соблюде́ния** станда́ртов корпорати́вного управле́ния, от ка́чества ма́кроэкономи́ческой

соблюдение — maintenance

поли́тики та́кже бу́дет расти́. Мо́жно сказа́ть, что тепе́рь **необду́манные** полити́ческие реше́ния бу́дут сто́ить доро́же. Таки́м о́бразом, получа́ется, что свои́м реше́нием S&P уси́лило у́ровень полити́ческих ри́сков, за кото́рым э́то аге́нтство так **тща́тельно** следи́ло.

необдуманный — hasty

тщательно — scrupulously

(По материалам статьи И. Козлова — газета «Коммерсант» от 16.02.05)

2 Выберите подходящее по смыслу слово.
Choose the right word.

1) Это решение стало до некоторой *степени* / *ступени* неожиданным.

2) Назвать эту сделку *призрачной* / *прозрачной* трудно.

3) Под влиянием *потока* / *притока* в страну нефтедолларов политика отошла на второй план.

4) Повышение рейтингов отражает значительное улучшение *показателей* / *указателей* государственной задолженности.

5) Это даёт основание *консервативным* / *консервным* инвесторам покупать российские бумаги.

6) Приход западных инвестиций влияет на повышение производительности *мероприятий* / *предприятий*.

7) Повышение конкурентоспособности ведёт к повышению *эффектности* / *эффективности* производства.

8) Государство не собирается сдавать свои монопольные позиции в *сырьевом* / *сырном* секторе.

3 Дополните следующие предложения, употребив антонимы выделенных слов. Обратите внимание на возможность вариантов.
Complete the following sentences by using the opposites of the italicised words. Note that sometimes more than one choice is possible.

1) Агентство не *понизило*, а ____________ кредитный рейтинг страны.

2) Политические риски не *низкие*, а ____________.

3) Происходит не *отток*, а ____________ нефтедолларов.

4) Произошло не *ухудшение*, а ____________ показателей государственной задолженности.

5) Наблюдается не *падение*, а ____________ кредитного рейтинга.

6) Это ведёт не к *понижению*, а к ____________ производительности предприятий.

7) Были высказаны не только *оптимистичные*, но и ____________ точки зрения.

8) Произойдёт не *уменьшение*, а ____________ прямых инвестиций.

9) Это могло бы принести не *убыток*, а значительную ____________.

10) Принятое решение не *ослабило*, а ____________ уровень политических рисков.

4 **Дополните следующую таблицу, употребив соответствующее однокоренное существительное / прилагательное.**
Complete the following table by using the appropriate noun / adjective.

Существительное	Прилагательное
кредит	кредитный
1)	инвестиционный
2) рейтинг	
3)	политический
4) государство	
5)	налоговый
6) пенсия	
7) континент	
8)	монопольный
9)	сырьевой
10) макроэкономика	

5 **Употребите слова, данные в скобках, в правильной грамматической форме. Где необходимо, употребите предлоги.**
Put the words in brackets into the correct grammatical form. Use prepositions where necessary.

1) обладать (инвестиционное качество, высокий рейтинг, значительные активы)
2) обращать внимание (политические риски, сложившаяся конъюнктура, экономическая ситуация)
3) влиять (потенциальная конкурентоспособность, монопольная позиция, сырьевой сектор)
4) ориентироваться (российская компания, европейская валюта, мировая финансовая система)
5) следить (политические риски, меняющаяся ситуация, инвестиционные рейтинги)

6 **Дополните следующие предложения, вставив нужный предлог и употребив слова, данные в скобках, в правильной форме.**
Complete the following sentences by inserting the appropriate prepositions and putting the words in brackets into the correct form.

1) Решение рейтингового агентства было ________________ (некоторая степень) неожиданным.

2) Дело ________________ (то), что ________________ (последнее время) агентство заявляло, что не повышает кредитный рейтинг России ________________ (высокие политические риски).

3) ________________ (влияние) огромного притока нефтедолларов ________________ (страна) политика отошла ________________ (второй план).

4) Рост интереса инвестиционных фондов ________________ (российские акции) возможен лишь______________ (тот случай), если доля российских компаний ______________ (состав) глобальных фондовых индексов вырастет.

5) ___________ (рост) интеграции российского фондового рынка __________________ (мировая финансовая система) зависимость российской экономики __________________ (качество) макроэкономической политики будет увеличиваться.

7 **Замените следующие выражения выражениями, содержащими действительные или страдательные причастия настоящего или прошедшего времени. Употребите их в пре- или постпозиции в зависимости от контекста.**
Replace the following phrases with those containing active or passive participles (present or past). Use them in before or after the word / words they modify, as appropriate.

Модель: агентство, *которое решило* поднять суверенный рейтинг России
→ агентство, *решившее* поднять суверенный рейтинг России

1) политические риски, которые связаны со случаями преследования частных компаний со стороны государства

2) преследования частных компаний, которые участились

3) активы компании, которые продали

4) претензии налоговых органов, которые вызвали обвал на фондовом рынке

5) риски, которые возрастают

6) политический риск, который остаётся ключевым ограничительным фактором роста рейтинга страны

7) российские бумаги, которые купили

8) рынки, которые развиваются

9) ревизия, которая состоялась в прошлом году

10) условия, которые сложились

8 **Выберите глагол нужного вида.**
Choose the appropriate verb.

1) Решение агентства на рынке *ждали* / *подождали* давно, но тем не менее оно *становилось* / *стало* неожиданным.

2) Агентство всегда *заявляло* / *заявило*, что кредитный рейтинг России *не повышался* / *не повысился* в связи с высокими политическими рисками.

3) Конец прошлого года *показывал* / *показал*, что ситуация в данной сфере противоречивая.

4) Продажу основного актива компании нельзя *называть* / *назвать* прозрачной.

5) В конце января агентство всё-таки *повышало* / *повысило* рейтинг России.

6) Государство не собирается *сдавать* / *сдать* свои монопольные позиции в сырьевом секторе.

7) *Будем отмечать* / *Отметим*, что такая позиция государства может стоить рынку намного больше, чем раньше.

8) Своим недавним решением агентство *усиливало* / *усилило* уровень политических рисков, за которым оно так тщательно *проследило* / *следило*.

9 **Дополните следующие предложения, употребив соответствующие порядковые числительные в правильной форме.**
Complete the following sentences by using the ordinal numerals below as appropriate.

первый, второй, третий, пятый, седьмой, десятый

1) Под влиянием невероятного притока в страну нефтедолларов политика отошла на ___________ план.

2) В ___________ очередь необходимо повысить производительность предприятий.

3) Это ведущий специалист, он не привык играть ___________ роли.

4) В нашей компании он был ___________ лишним.

5) После повышения кредитного рейтинга многие инвесторы были на ___________ небе от счастья.

6) Политические риски — это дело ___________, когда в страну текут нефтедоллары.

7) Налоговый инспектор был им нужен как ___________ колесо в телеге.

8) Этот олигарх родился в небольшом посёлке на Кубани и всегда был ___________ парнем на деревне.

10 **Вставьте подходящее по смыслу существительное в нужной форме.**
In the following sentences insert the appropriate noun from those given below in the correct form.

сделка, проделка, отделка, подделка, доделка, недоделка, выделка, переделка, разделка

1) Назвать эту ___________ прозрачной вряд ли у кого повернулся бы язык.

2) Начальнику не понравилось письмо, его ___________ заняла много времени.

3) Купленное на ювелирном аукционе яйцо якобы работы Фаберже оказалось искусной ___________.

4) Строительная фирма занимается ремонтом и ___________ офисов.

5) Комиссия не приняла объект из-за многочисленных ___________.

6) Шуба сделана из меха хорошей ___________.

7) Отец недоволен хулиганскими ___________ сына.

8) ___________ мяса — непростое дело.

9) Проект фактически завершён, сейчас идёт ___________ всяких мелочей.

10) Компания заключила выгодную ___________ с фирмой-партнёром.

11 **Употребите подходящий по смыслу глагол из нижеприведённого списка в правильной форме.**
Use the appropriate verb from those given below in the correct form.

вливаться / влиться; выливаться / вылиться; заливаться / залиться;
наливаться / налиться; обливаться / облиться; отливаться / отлиться;
переливаться / перелиться; проливаться / пролиться; сливаться / слиться

1) История с продажей Юганскнефтегаза ___________ в международный скандал.

2) Лужа бензина на асфальте ___________ всеми цветами радуги.

3) Когда он узнал об этом, то ___________ громким смехом.

4) Россия ___________ в ряды стран, имеющих инвестиционный кредитный рейтинг.

5) Потеряв все сбережения, она ___________ горькими слезами.

6) Бронзовый памятник будет ___________ на ~~металлическом~~ металлургическим заводе.

7) Конфликты должны решаться путём переговоров, чтобы не ___________ ни одна капля крови мирного населения.

8) Говорят, что полезно по утрам ___________ холодной водой.

9) После занятий в спортзале он поздоровел и его мышцы ___________ силой.

10) Она заговорилась по телефону и не заметила, как вода ___________ из ванны на пол.

11) Две нефтяные компании ___________ и образовали одну мощную компанию.

12) Поверхность воды ___________ на солнце всеми цветами радуги.

12 **Переведите следующие предложения на английский язык.**
Translate the following sentences into English.

1) Нынешняя Россия обладает достаточно высоким кредитным рейтингом.

2) Решение мировых рейтинговых агентств было до некоторой степени неожиданным.

3) Дело в том, что назвать эту сделку выгодной вряд ли у кого повернётся язык.

4) В России до сих пор существуют высокие политические риски.

5) Впрочем, под влиянием колоссального притока нефтедолларов в Россию потенциальный политический риск отходит на второй план.

6) Всё большее значение приобретает приток западных инвестиций в российскую экономику.

7) Экономические выгоды иногда могут уравновесить политические риски.
8) Необходимо отметить, что необдуманные решения могут дорого стоить.

13 Каковы причины недавнего радикального повышения кредитного рейтинга России?
What reasons are there for Russia's credit rating to have risen so dramatically in recent years?

14 Суммируйте мнения экономических экспертов о финансовой ситуации в сегодняшней России, представленные в тексте.
Outline the opinions on Russia's present day financial situation as expressed in the text by various economic experts.

1 **Прочитайте следующий текст и отметьте, какие из нижеприведённых утверждений соответствуют его содержанию, а какие — нет.**
Read the text and indicate which of the following statements are true and which are false.

	Да	Нет
1) Товар, которым торгуют на фондовой бирже, не имеет потребительских свойств.		
2) Фонды предприятий — это товар, который продаётся на фондовой бирже.		
3) Собственные фонды предприятий выражены в облигациях.		
4) Купив все акции предприятия, вы получаете его в собственность.		
5) Акции можно покупать и продавать.		
6) Приобретение облигаций предприятия не накладывает на человека, купившего их, никаких обязательств.		
7) Ценные бумаги, выпускаемые предприятием, продаются на фондовом рынке.		
8) Облигации для инвестора играют роль банковского вклада, так как он получает проценты от инвестиций.		
9) Неправильно сравнивать облигации с воздухом.		
10) Автор статьи несёт полную ответственность за все убытки от использования опубликованной информации.		

АКЦИИ, ОБЛИГАЦИИ И ВОЗДУХ

Существу́ет ***расхо́жее*** *мне́ние, что на фо́ндовом ры́нке «торгу́ют во́здухом». Э́то далеко́ не так. Това́р* ***фо́ндовой би́ржи*** *име́ет специфи́ческие потреби́тельские сво́йства.*

облигация — debenture
расхожий — widespread
фондовая биржа — stock exchange

Возьмём для сравне́ния ча́йник — това́р, необходи́мый в **хозя́йстве.** Ча́йник име́ет потреби́тельские сво́йства — поле́зность и це́ну. Он нагрева́ет во́ду, удо́бен, эконо́мит вре́мя. Цена́ пока́зывает, ско́лько сто́ит э́та поле́зность. То́чно так же с това́ром, кото́рый мо́жно купи́ть и прода́ть на фо́ндовой би́рже. Вообще́, би́ржа называ́ется фо́ндовой, потому́ что на ней происхо́дит торго́вля фо́ндами предприя́тий, то есть **со́бственностью** предприя́тий. Существу́ют **со́бственные** фо́нды, наприме́р, **уста́вный фонд**, и **заёмные фо́нды.** Со́бственные фо́нды вы́ражены в а́кциях, заёмные фо́нды — в облига́циях.

хозяйство — household

собственность — property
собственный — private
уставный фонд — capital fund
заёмный фонд — loan fund

ОСНОВНОЙ ТОВАР ФОНДОВОЙ БИРЖИ

А́кции и облига́ции явля́ются основны́м това́ром фо́ндовой би́ржи. **Приобрета́я** а́кции, челове́к получа́ет пра́во со́бственности на часть предприя́тия, стано́вится его́ совладе́льцем, акционе́ром со все́ми **вытека́ющими** пра́вами и **обя́занностями.** Е́сли кто́-то покупа́ет все а́кции, то предприя́тие по́лностью стано́вится его́ со́бственностью. Купи́в а́кции, через не́которое вре́мя вы мо́жете их прода́ть и́ли держа́ть **сколь уго́дно до́лго,** уча́ствовать в управле́нии предприя́тием и получа́ть часть его́ при́были (дивиде́нды), так как вы явля́етесь совладе́льцем. Е́сли в тече́ние э́того вре́мени дела́ на предприя́тии шли хорошо́, то дивиде́нды и цена́ а́кций мо́гут возрасти́.

приобретать — to acquire
вытекающий — resulting
обязанность — obligation
сколь угодно долго — as long as you please

Все э́ти возмо́жности и выража́ют поле́зность. А как э́ту поле́зность оце́нивают лю́ди, пока́зывает цена́. Так что ничего́ подо́бного во́здуху в а́кциях нет. В на́шей стране́ ры́нок а́кций приобрета́ет цивилизо́ванные и бо́лее-ме́нее **устоя́вшиеся** пра́вила. Торго́вля **сосредото́чена** в основно́м на двух росси́йских би́ржах: Моско́вской межба́нковской валю́тной би́рже (ММВБ) и Би́рже РТС. Наибо́лее **«ходовы́е»** а́кции — э́то а́кции крупне́йших росси́йских предприя́тий, о кото́рых практи́чески все слы́шали, с това́рами и услу́гами кото́рых все встреча́лись. Напри-

устоявшийся — fixed
сосредоточенный — concentrated
ходовой — popular

ме́р, Газпро́м, **РА́О «ЕЭ́С** Росси́и», Ростелеко́м, Сберба́нк, ЛУКО́ЙЛ и ряд други́х.

Покупа́я облига́ции предприя́тия, челове́к приобрета́ет **обяза́тельства** предприя́тия вы́платить **определённую** су́мму де́нег к определённой да́те. Э́то происхо́дит тогда́, когда́ предприя́тие реша́ет **заня́ть** де́ньги на фо́ндовом ры́нке у инве́сторов. Оно́ выпуска́ет **це́нные бума́ги** специа́льной фо́рмы и продаёт их. **В ито́ге** предприя́тие получа́ет заёмные де́нежные сре́дства, а инве́сторы — **привлека́тельные вложе́ния** свои́х де́нег под неплохо́й **проце́нт.** Зате́м через не́которое вре́мя предприя́тие выкупа́ет э́ти облига́ции у инве́сторов и выпла́чивает им проце́нт. Облига́ции для инве́стора — э́то как ба́нковский вклад, их мо́жно в любо́е вре́мя прода́ть други́м инве́сторам, е́сли вам нужны́ де́ньги и́ли вы нашли́ бо́лее привлека́тельный спо́соб вложе́ний. Так что сра́внивать облига́ции с во́здухом **по ме́ньшей ме́ре** некорре́ктно.

Вся информа́ция, содержа́щаяся в да́нной статье́, не явля́ется прямы́м ***указа́нием к де́йствию****, несёт информати́вный хара́ктер и явля́ется мне́нием а́втора. Он не несёт никако́й отве́тственности в слу́чае* ***возникнове́ния убы́тка*** *от испо́льзования информа́ции, опублико́ванной в да́нной статье́.*

РАО ЕЭС — *abbr. of* Российское акционерное общество «Единая энергетическая система» (The Russian Stock Society “Unified Energy System”)
обязательство — obligation
определённый — fixed
занять — to borrow
ценная бумага — security
в итоге — as a result
привлекательный — attractive
вложение — investment
процент — interest rate
по меньшей мере — to say the least
указание к действию — recommendation
возникновение убытка — any losses arising

(По материалам газеты «Утро Петербурга» от 7–13 июля 2005 г.)

2 Выберите подходящее по смыслу слово.
Choose the right word.

1) Согласно *похожему* / *расхожему* мнению, на фондовой бирже торгуют воздухом.

2) Товар фондовой биржи имеет *потребительские* / *употребительные* свойства.

3) Существуют уставный фонд и *заёмные* / *приёмные* фонды.

4) Имея акции, вы можете участвовать в *управлении* / *направлении* предприятием.

5) Российский рынок акций приобретает *настоявшиеся* / *устоявшиеся* правила.

6) Предприятия *отпускают* / *выпускают* ценные бумаги и продают их.

7) Приобретение ценных бумаг — привлекательный способ *вложения* / *приложения* денег.

8) Информация, содержащаяся в статье, не является прямым *указанием* / *приказанием* к действию.

3 **Замените выделенные слова и словосочетания близкими по значению лексическими единицами, которые можно найти в тексте.**
Replace the italicised words and phrases with their synonyms which can be found in the above text.

1) *Имеется* мнение, что на фондовом рынке «*продают воздух*».

2) Товар фондовой биржи имеет *характерные* черты.

3) Чайник имеет свою *стоимость*.

4) Акции и облигации являются *главным* товаром фондовой биржи.

5) *Покупая* акции, человек получает право собственности на часть предприятия.

6) Если вы покупаете все акции предприятия, то оно *целиком* становится вашей собственностью.

7) Вы можете *принимать участие* в управлении предприятием и получать часть его прибыли.

8) Дивиденды и цена акций могут *повыситься*.

9) Торговля акциями *сконцентрирована* на двух российских биржах.

10) Предприятие решило *одолжить* деньги на фондовом рынке у инвесторов.

11) Предприятие выпустило ценные бумаги *особой* формы.

12) В итоге *вкладчики* получили привлекательные вложения своих денег.

4 **В следующих предложениях найдите слова и выражения, не соответствующие контексту этих предложений.**
Find the words and phrases which do not fit into the context of the following sentences.

1) Некоторые люди думают, что на овощном и фондовом рынке торгуют воздухом.

2) Чайник и подъёмный кран — это товар, необходимый в домашнем хозяйстве.

3) На бирже происходит торговля фондами и канцелярскими принадлежностями предприятий.

4) Собственные фонды предприятия включают культурный, уставный и заёмный фонды.

5) Собственные фонды выражены в акциях протеста, а заёмные фонды — в облигациях.

6) Приобретая акции, вы получаете право собственности на часть и долю предприятия, становитесь акционером со всеми выплывающими и вытекающими правами и обязанностями.

7) С товарами этих крупнейших предприятий расставались и встречались практически все.

8) Покупая облигации предприятия, человек приобретает обязательства предприятия выплатить определённую сумму и количество денег к определённой дате и числу.

9) Предприятие получает заёмные денежные средства, а инвесторы — привлекательные вложения своих денег под неплохой интерес и процент.

10) Для инвесторов облигации сродни и снаружи банковскому вкладу.

5 **Употребите выделенные прилагательные в краткой форме.**
Replace the italicised adjectives with adjectives in the short form.

1) Путь туда *далёкий*.
2) Разговор был *долгий*.
3) Чайник *необходимый*.
4) Он *полезный*.
5) Он *удобный*.
6) Этот способ *экономичный*.
7) Проблема *простая*.
8) Ваша бумага *ценная*.
9) Новый проект *привлекательный*.
10) Он *интересный*.

6 **От следующих существительных образуйте наименования лиц мужского и женского пола, где это возможно.**
Form where it's possible nouns denoting male and female people from the following words.

акция
торговля
биржа
банк
собственность
инвестиция
вклад

7 **Дополните следующую таблицу. Обратите внимание на возможность вариантов.**
Complete the following table. Note that sometimes more than one choice is possible.

Существительное	Прилагательное
1) фонд	
2)	потребительский
3)	удобный
4) польза	
5)	собственный
6) устав	
7) заём	
8) воздух	
9)	валютный
10)	ценовой
11) деньги	
12) банк	
13)	информативный
14) прибыль	
15)	убыточный

8 **Разделите следующие существительные на две группы: 1) существительные, в которых приставка *в-* передаёт значение *внутрь* или указывает на направление движения (*куда?*), и 2) существительные, в которых *в-* имеет другие значения, или просто начинающиеся с *в-*.**
Divide the following nouns into two groups: 1) nouns in which the prefix *в-* denotes *in / into* and 2) nouns in which this prefix has other meanings or they simply begin with *в-*.

вложение
важность
возникновение
вхождение
вредительство
вселение
вооружение
вживание
воспоминание
вползание
воодушевление
врастание
восклицание
вторжение

9 **В следующих предложениях употребите нижеприведённые глаголы в правильной грамматической форме.**
Complete the following sentences by using the verbs below as appropriate.

пускать / пустить; впускать / впустить; выпускать / выпустить, допускать / допустить, запускать / запустить, напускать / напустить, отпускать / отпустить, опускать / опустить, подпускать / подпустить, пропускать / пропустить, упускать / упустить

1) Предприятие решает занять деньги на фондовом рынке у инвесторов, поэтому оно ___________ ценные бумаги и продаёт их.

2) Времени оставалось мало, и докладчик решил ______________ некоторые подробности.

3) Акции этого прибыльного предприятия продаются, надо не ___________ возможность их приобрести.

4) К работе нельзя ___________ тех, кто не знает техники безопасности.

5) Нужно было доделать срочный проект, и руководитель проекта никого не ___________ с работы до позднего вечера.

6) Он зачем-то открыл окно и ___________ множество комаров.

7) Первый искусственный спутник ___________ в России.

8) Публику ___________ в зал только за две минуты до начала спектакля.

9) На прошлой неделе он ___________ два рабочих дня по уважительной причине.

10) Она ___________ на себя важный вид и сказала, что она будет их новым начальником.

11) Молодая мать не хотела никого ___________ к своему малышу.

12) В этот дорогой ресторан обычно не ___________ людей в джинсах и футболках.

10 **Замените выделенные придаточные предложения деепричастными оборотами, употребив деепричастия несовершенного и совершенного вида. Произведите необходимые изменения в структуре предложения.**
Replace the italicised clauses with gerundial phrases using perfective and imperfective gerunds, depending on the aspect and tense of the verb in the main clause. Make all other necessary changes.

Образец: *Когда вы думаете*, что на фондовом рынке «торгуют воздухом», вы *совершаете* ошибку.
→ *Думая*, что на фондовом рынке «торгуют воздухом», вы *совершаете* ошибку.
Когда вы подумали, что на фондовом рынке «торгуют воздухом», вы *совершили* ошибку.
→ *Подумав*, что на фондовом рынке «торгуют воздухом», вы *совершили* ошибку.

1) *Когда вы взяли для сравнения чайник*, вы привели странный пример.

2) *Когда он покупал чайник*, он думал о его полезности и удобстве.

3) *Когда мы говорим о собственных фондах предприятий*, мы имеем в виду уставный и заёмный фонд.

4) *Когда человек приобретает акции*, он получает право собственности на часть предприятия.

5) *После того как вы купили акции*, через некоторое время вы можете их продать.

6) *Так как вы являетесь совладельцем предприятия*, вы получаете дивиденды.

7) *После того как предприятие выпустило ценные бумаги*, оно затем продало их.

8) *Когда предприятие выкупает облигации у инвесторов*, оно выплачивает им процент.

11 **Переведите следующие предложения на английский язык.**
Translate the following sentences into English.

1) Существует расхожее мнение, что на фондовой бирже «торгуют воздухом», но это далеко не так.

2) Возьмём для сравнения уставные и заёмные фонды.

3) У предприятия обычно есть собственные фонды, выраженные в акциях, и заёмные фонды в виде облигаций.

4) Все слышали о товарах и услугах крупнейших российских предприятий, таких как ЮКОС и ЛУКОЙЛ.

5) Приобретение акций даёт человеку право собственности на часть предприятия, совладельцем которого он становится.

6) Если вы хотите стать собственником предприятия, вам необходимо приобрести контрольный пакет его акций.

7) Человек, купивший акции, может участвовать в управлении предприятием и получать дивиденды.

8) Инвесторы могут в любое время продать свои акции другим инвесторам, если им понадобились деньги или они нашли более привлекательный способ вложений.

12 **Согласны ли вы с мнением автора, что стоимость предмета зависит от его полезности?**
Debate the author's view that the value of an object depends on its usefulness.

13 **Объясните, в чём состоит разница между акциями и облигациями.**
Explain the difference between shares and bonds.

14 **Если бы вы унаследовали значительную сумму денег, куда бы вы вложили деньги: в биржевые акции или в более устойчивые депозиты?**
If you were to inherit a considerable sum of money, would you be inclined to invest it in the stock market or in a more stable fixed bond account?

1 **Прочитайте следующий текст и отметьте, какие из нижеприведённых утверждений соответствуют его содержанию, а какие — нет.**
Read the text and indicate which of the following statements are true and which are false.

	Да	Нет
1) Западный рынок телекоммуникаций находится на подъёме.		
2) Двигателем экономической активности является наличие телефона и быстрого доступа в Интернет.		
3) Новые технологии появляются в Южной Корее раньше, чем в Москве.		
4) Затраты на телекоммуникации — одна из самых значительных статей расходов любого предприятия.		
5) Россия не сразу присоединилась к технической революции.		
6) Обычные сети передачи данных намного быстрее так называемой Сети следующего поколения.		
7) Телефонное подсоединение к Интернету — это будущее телекоммуникации.		
8) В настоящее время компания «Комстар» вкладывает миллионы долларов в телефонное подсоединение к Интернету.		
9) Британские компании не вкладывают средства в новые системы, так как хотят окупить старые инвестиции.		
10) Через несколько лет московский рынок телекоммуникаций сможет стать более конкурентоспособным, чем западный.		

НЕБЫВАЛЫЕ ВЫГОДЫ ТЕЛЕКОММУНИКАЦИОННОГО РЫНКА РОССИИ

За́падный ры́нок телекоммуника́ций нахо́дится **на спа́де** тре́тий год подря́д, тогда́ как в Росси́и наблюда́ется прито́к инвести́ций. **Столпы́** европе́йского телекоммуникацио́нного се́ктора — Deutsche Telecom («До́йче Телеко́м»), Vivendi Universal («Виве́нди Юнивёрсал») и France Telecom («Франс Телеко́м») — объяви́ли о грандио́зных потёрях. Америка́нская корпора́ция AOL Time Warner («АО́Л Тайм Во́рнер») с 2001 по 2003 год потеря́ла около 90 проце́нтов сто́имости свои́х а́кций. WorldCom («Ворлдко́м») **обанкро́тилась.** В про́шлом году́ Интерне́т, торго́вля по Интерне́ту и моби́льная телефони́я **испыта́ли** неви́данное **замедле́ние** разви́тия в большинстве́ стран ми́ра, в то вре́мя как росси́йский телекоммуникацио́нный ры́нок нахо́дится на подъёме. Дэ́вид Ли, замести́тель дире́ктора компа́нии «Комста́р», объясня́ет причи́ны тако́го парадо́кса и представля́ет свою́ то́чку зре́ния на перспекти́вы разви́тия росси́йского ры́нка.

небывалый — fantastic
на спаде — on the decline
столп — pillar
обанкротиться — to go into bankruptcy
испытать — to experience
замедление — slowdown

— Что́бы поня́ть, как живёт люба́я страна́, анализи́руют её ВВП и инфраструкту́ру: коли́чество предприя́тий, гости́ниц и так да́лее. Практи́чески по тако́му же пути́ вы пойдёте, что́бы поня́ть, что явля́ется **дви́гателем** экономи́ческой акти́вности, а и́менно: нали́чие телефо́на, до́ступ в Интерне́т по разу́мной цене́. То, что сейча́с происхо́дит в э́той о́бласти в Росси́и, чрезвыча́йно интере́сно. Но́вые техноло́гии появля́ются в Москве́ намно́го ра́ньше, чем где бы то ни́ было, за исключе́нием не́которых стран Да́льнего Восто́ка, к приме́ру Ю́жной Коре́и.

двигатель — prime mover

В ско́ром вре́мени услу́ги, предоставля́емые в Москве́, бу́дут лу́чше и деше́вле, чем в Ло́ндоне или в Нью-Йо́рке. Э́то ста́нет огро́мным экономи́ческим преиму́ществом, так как затра́ты на телекоммуника́ции — одна́ из са́мых значи́тельных **стате́й расхо́дов** любо́го предприя́тия: все де́лают би́знес в режи́ме онла́йн, посыла́ют огро́мное коли́чество информа́ции, объединя́ют в **сеть** свои́ **подразделе́ния** и филиа́лы не то́лько для пересы́лки электро́нной по́чты, но и для функциони́рования фина́нсовой систе́мы, служб прода́ж. Сни́зить э́ти расхо́ды **равноси́льно** тому́, как е́сли бы недо́рого постро́ить хоро́шие доро́-

статья расходов — expense item
сеть — network
подразделение — department
равносильный — tantamount

ги, аэропо́рты и по́рты. Москва́ занима́ет сего́дня вы́годное положе́ние. Она́, как и вся Росси́я, по́здно присоедини́лась к уже́ произоше́дшей техни́ческой револю́ции, за́падные же компа́нии сли́шком ра́но на́чали, потеря́в миллиа́рды до́лларов.

Поско́льку компа́ния «Комста́р» де́йствовала не́сколько ме́дленнее (возмо́жно, из-за кри́зиса 1998 го́да в Росси́и), сейча́с она́ вкла́дывает миллио́ны до́лларов в так называ́емую Сеть сле́дующего поколе́ния (NGN). Э́та сеть бу́дет не вдво́е, а в со́тни раз быстре́е, чем обы́чные се́ти переда́чи да́нных. Телефо́нное подсоедине́ние к **Всеми́рной паути́не** — э́то вчера́шний день, к тому́ же оно́ сли́шком ме́дленное. Там, где мы сейча́с устана́вливаем двухмегаби́тное **соедине́ние**, бу́дет устано́влено 100-мегаби́тное или да́же гигаби́тное соедине́ние. Э́то та́кже произойдёт и в Ло́ндоне, но брита́нские компа́нии не хотя́т пока́ вкла́дывать сре́дства в но́вые систе́мы — ведь они́ уже́ инвести́ровали миллио́ны в ста́рые. Они́ хотя́т **окупи́ть** инвести́ции. У Росси́и тако́й пробле́мы нет.

Всемирная паутина — World Wide Web (www)

соединение — connection

окупить — to make a return

Сфе́ра моби́льной телефони́и — та́кже о́чень интере́сная часть росси́йского би́знеса. На За́паде все со́товые опера́торы должны́ уча́ствовать в те́ндере, полу́чать лице́нзии, тра́тя на них миллио́ны до́лларов, одна́ко техноло́гии не да́ли той **отда́чи**, на кото́рую рассчи́тывали инве́сторы. В Росси́и всё бы́ло ина́че, тут не де́лали глу́пых оши́бок, поэ́тому сейча́с наступи́ло прекра́сное вре́мя для росси́йской телекоммуникацио́нной индустри́и — ры́нок на подъёме. «Комста́р» начина́л в то вре́мя, когда́ разви́тие сете́й не про́сто возраста́ло, а возраста́ло в **геометри́ческой прогре́ссии**. Поэ́тому инвести́рование капита́ла принесёт кру́пные **вы́игрыши** инве́сторам. **Полага́ю**, что через три го́да моско́вский ры́нок телекоммуника́ций ста́нет бо́лее конкурентоспосо́бным, он смо́жет предложи́ть услу́ги бо́лее высо́кого ка́чества, чем мо́жно бу́дет получи́ть в би́знес-це́нтрах Ло́ндона или Нью-Йо́рка.

отдача — payback

геометрическая прогрессия — exponential growth

выигрыш — profit

полагать — to suppose

(По материалам журнала «Дипломат», № 5, 2003)

2 **Выберите наиболее подходящий по смыслу синоним.**
Choose the right synonym.

1) Западный телекоммуникационный рынок объявил о *грандиозных* / *здоровенных* потерях.

2) *Колоссальная* / *Крупная* западная компания «Комстар» работает на российском рынке телекоммуникаций.

3) Во всём мире делаются *немалые* /*здоровые* капиталовложения в развитие информационной технологии.

4) *Крупное* / *Большое* количество людей покупают сотовые телефоны.

5) Пользование Интернетом стоит *грандиозных* / *немалых* денег.

6) Интернет играет *огромную* / *здоровую* роль в жизни современного общества.

7) Странно, когда *гигантские* / *здоровенные* парни играют в детские компьютерные игры.

8) Спам, получаемый по электронной почте, доставляет *большие* / *существенные* неприятности владельцу компьютера.

9) Затраты на телекоммуникации — одна из самых *значительных* / *гигантских* статей расходов любого предприятия.

10) По электронной почте люди посылают *крупное* / *огромное* количество информации.

3 **Вставьте антонимы выделенных слов, которые можно найти в тексте.**
Insert the antonyms of the italicised words which can be found in the text.

1) Рынок телекоммуникаций находится не на *спаде*, а на ___________.

2) В последнее время произошёл *отток* инвестиций вместо ожидаемого ___________.

3) Экономическая ___________ пришла на смену *пассивности*.

4) *Повысить* расходы легко, трудно их ___________.

5) После *проигрыша* последовал крупный ___________.

4 **Составьте словосочетания из следующих слов. Где необходимо, употребите предлог. Придумайте предложения с этими словосочетаниями.**
Use the following words to form collocations. Use prepositions where necessary. Compose sentences with the collocations you have just formed.

1) торговля / Интернет
2) заместитель / директор
3) точка зрения / сложившаяся ситуация
4) доступ / Интернет
5) затраты / телекоммуникации
6) бизнес / режим онлайн
7) подключение / Интернет
8) инвестиции / экономика

5 **Употребите слова, данные в скобках, в правильной грамматической форме. Где необходимо, употребите предлоги.**
Put the words in brackets into the correct grammatical form. Use prepositions where necessary.

1) объявить (грандиозные потери, огромные прибыли, новая инициатива)
2) находиться (большой подъём, значительное расстояние, Западная Европа)
3) стать (основной инвестор, равноправные партнёры, цивилизованное общество)
4) присоединиться (техническая революция, Всемирная паутина, общее мнение)
5) участвовать (объявленный тендер, долевое строительство, жаркая дискуссия)

6 **Составьте словосочетания из следующих глаголов и существительных, употребив их в правильной грамматической форме. Где необходимо, употребите предлог. Придумайте предложения с составленными вами словосочетаниями.**
Match the following verbs and nouns, putting them into the correct grammatical form. Use prepositions where necessary. Compose sentences with the collocations you have just formed.

объяснять
анализировать
предлагать
делать
занимать
вкладывать
окупать
участвовать
строить

аэропорт
услуги
средства
тендер
грандиозные потери
причины
бизнес
выгодное положение
инфраструктура

7 **Разделите следующие существительные с суффиксом *-тель* на две группы: 1) одушевлённые существительные и 2) неодушевлённые существительные.**
Divide the following nouns with the suffix *-тель* into two groups: 1) animate nouns and 2) inanimate ones.

двигатель
потребитель
путеводитель
предприниматель
водитель
скоросшиватель
председатель
победитель

нарушитель
выключатель
огнетушитель
строитель
производитель
показатель
грабитель
растворитель

8 **Замените обороты со словом *который* соответствующими причастиями.**
Replace the phrases containing the word *который* with the appropriate participles.

Образец: услуги, *которые предоставляют*
→ *предоставляемые* услуги

1) приток инвестиций, который наблюдается
2) компания, которая обанкротилась
3) техническая революция, которая произошла
4) письма, которые отправили
5) расходы, которые снизили
6) тендер, который проводят
7) миллиарды долларов, которые потратили
8) средства, которые вложили
9) лицензии, которые получили
10) капиталы, которые инвестируют

9 **Употребите подходящий по смыслу глагол в правильной грамматической форме. Обратите внимание на возможность вариантов.**
Use the appropriate verb in the correct form. Note that sometimes more than one choice is possible.

покупать / купить; закупать / закупить; окупать / окупить;
скупать / скупить; раскупать / раскупить; накупать / накупить;
подкупать / подкупить

1) Западные компании не хотят вкладывать средства в новые системы, они стремятся ___________ старые инвестиции.

2) Прежде чем строить дорогу, необходимо ___________ оборудование.

3) Всё больше людей ___________ мобильные телефоны.

4) Во время вчерашних торгов какие-то брокеры ___________ все акции телекоммуникационной компании, предвидя большие прибыли.

5) Обычно они ___________ так много продуктов, что потом всю неделю им не надо ходить в магазин.

6) Билетов на концерт уже нет: их мгновенно ___________ фанаты.

7) Чиновников этой компании невозможно ___________. Они не берут взяток.

8) Родители не хотят ___________ сыну новый компьютер.

9) Он ___________ компьютерных игр и целыми днями играет в них.

10) С работниками этой компании приятно общаться: их вежливость ___________.

10 **В следующих сложноподчинённых предложениях употребите необходимый союз или союзное слово.**
Complete the following complex sentences by using the appropriate conjunctions.

1) Западный рынок телекоммуникаций находится на спаде, __________ в России наблюдается подъём.

2) __________ понять, __________живёт любая страна, анализируют её инфраструктуру.

3) Новые технологии появляются в Москве намного раньше, __________ в других странах.

4) Более дешёвые услуги станут огромным экономическим преимуществом, __________ затраты на телекоммуникации — одна из самых значительных статей расходов любого предприятия.

5) Снизить расходы равносильно тому, __________ недорого построить хорошие дороги, аэропорты и порты.

6) __________ эта компания действовала медленнее из-за экономического кризиса, сейчас она вкладывает миллионы долларов в Сеть следующего поколения.

7) Эта компания начинала в то время, __________ развитие телекоммуникационных сетей возрастало в геометрической прогрессии.

8) Скоро московский рынок телекоммуникаций сможет предложить услуги более высокого качества, __________ можно будет получить в западных бизнес-центрах.

11 **Восстановите следующий текст, закончив недописанные слова.**
Restore the following text by completing the unfinished words.

Не секрет, что жизненно важным фактором для экономики любого государства являются прямые иностранные инвестиции. Их объё______ в Рос______ пока ед______ достигает 25 миллиа______ долларов, чт______ в 16 раз мень______, чем в Кита______. Столичные влас______ стараются созд______ максимально благопр______ условия для инвесто______. Недавно прош______ награждение победит______ конкурса иност______ компаний, осуществля______ значительные инвест______ в созда______ производств и инфраструкт______ объектов на россий______ рынке. Были вручены дипломы и награды пяти компаниям.

12 **Переведите следующие предложения на английский язык.**
Translate the following sentences into English.

1) По сравнению с Западом в России наблюдается приток инвестиций в телекоммуникационный сектор.

2) В большинстве стран мира снизилась популярность торговли по Интернету.

3) ВВП любой страны определяется не только количеством промышленных предприятий, но также и уровнем развития телекоммуникационной системы.

4) Эксперты отмечают, что в последние годы новые технологии появляются в Москве намного раньше, чем где бы то ни было.

5) Затраты на телекоммуникации — одна из самых значительных статей расходов любого предприятия, так как бизнес в наше время делается в режиме он-лайн.

6) Хотя Россия позже других стран присоединилась к уже произошедшей технической революции, это имеет свои экономические преимущества.

7) Так называемая Сеть следующего поколения будет во много раз быстрее, чем обычные сети передачи данных.

8) Телефонное подсоединение к Всемирной паутине — это вчерашний день, к тому же оно слишком медленное.

13 Как, по мнению Дэвида Ли, развивается Интернет в России по сравнению с другими странами?
How does David Lee compare the growth of the Internet in Russia with its development in other countries?

14 Напишите короткое сочинение о том, какими средствами телекоммуникации вы пользуетесь и как они помогают / мешают вам в жизни.
Write a short essay about the means of telecommunication you use and explain how it improves or interferes with your life?

1 **Прочитайте следующий текст и отметьте, какие из нижеприведённых утверждений соответствуют его содержанию, а какие — нет.**
Read the text and indicate which of the following statements are true and which are false.

	Да	Нет
1) Более широкое привлечение в Россию иностранных банков может помочь восполнению долгосрочных финансовых ресурсов.		
2) Требования к иностранным банкам остаются такими же жёсткими, как раньше.		
3) Для того чтобы конкурировать на рынке банковских услуг, новым иностранным банкам приходится снижать стоимость обслуживания клиентов.		
4) В России имеется огромный потенциал для развития рынка.		
5) «Молчаливое присутствие» иностранных банков на российском рынке обеспечивает значительные поступления капитала из таких банков.		
6) Цель банковской реформы — снять все ограничения на операции иностранных банков в России.		
7) Переход на международную систему бухгалтерского учёта может привести к повышению рисков.		
8) Российское правительство намерено продолжать банковскую реформу.		

ИНОСТРАННЫЕ БАНКИ В РОССИИ: ГРОМКОЕ И МОЛЧАЛИВОЕ ПРИСУТСТВИЕ

Сла́бость росси́йской ба́нковской систе́мы счита́ется одни́м из гла́вных препя́тствий для усто́йчивого ро́ста эконо́мики. Есть не́которые наде́жды на то, что **нехва́тка долгосро́чных** фина́нсовых ресу́рсов мо́жет **быть воспо́лнена за счёт** бо́лее широ́кого **привлече́ния** в страну́ иностра́нных ба́нков. О **положе́нии** иностра́нных ба́нков в Росси́и и их ме́сте в её ба́нковской систе́ме расска́зывает председа́тель Ба́нковского комите́та Европе́йского делово́го клу́ба в Росси́йской Федера́ции Мише́ль Перире́н.

нехватка — shortage
долгосрочный — long-term
быть восполненным за счёт — to be made up by
привлечение — attraction
положение — situation

— *Господи́н Перире́н, в после́дние го́ды лишь небольшо́е число́ за́падноевропе́йских ба́нков расширя́ло свои́ опера́ции в Росси́и. Тепе́рь, когда́ эконо́мика и делово́й кли́мат в Росси́и улучша́ются, ожида́ете ли Вы прито́к иностра́нного ба́нковского капита́ла?*

— В 2001 году́ Центра́льный банк Росси́и (ЦБР) **смягчи́л** свои́ тре́бования к иностра́нным ба́нкам, пре́жде всего́ в отноше́нии кредитова́ния и́ми росси́йских предприя́тий. Тепе́рь бо́льше не тре́буется получа́ть специа́льное разреше́ние ЦБР на краткосро́чные (до 180 дней) **за́ймы** на 100 миллио́нов до́лларов США и́ли ме́ньшую су́мму. Либерализо́ваны и не́которые други́е пра́вила. Так, в четвёртом кварта́ле 2001 го́да бы́ли сни́жены тре́бования по минима́льному разме́ру уставно́го капита́ла иностра́нных ба́нков с 10 до 5 миллио́нов е́вро. Иностра́нные ба́нки, рабо́тающие в Росси́и, мо́жно раздели́ть на две гру́ппы. Пе́рвая гру́ппа ба́нков вы́брала акти́вное прису́тствие. Большинство́ из них предоставля́ет широ́кий **диапазо́н** ба́нковских услу́г. Тем не ме́нее прихо́д но́вых иностра́нных ба́нков на росси́йский ры́нок в ближа́йшие го́ды бу́дет ограни́ченным **в си́лу** сле́дующих причи́н.

смягчить — to tone down
заём — loan
диапазон — range
в силу — for

Во-пе́рвых, ры́нок в основно́м уже́ **поделён** и конкуре́нция ме́жду ба́нками уси́ливается. Уже́ де́йствующие на ры́нке иностра́нные ба́нки приобрели́ хоро́шую репута́цию, их назва́ния широко́ изве́стны. Они́ обы́чно предоставля́ют высокока́чественное обслу́живание, ориенти́рованное на определённую клиенту́ру (наприме́р, на **состоя́тельных** клие́нтов). Перед но́выми иностра́нными ба́нками, осо́бенно сре́дними, возни́кнут определённые

быть поделённым — to be divided
состоятельный — wealthy

проблéмы, свя́занные с **создáнием себé и́мени**, и большинству́ из них придётся конкури́ровать путём снижéния стóимости обслу́живания.

Во-вторы́х, несмотря́ на то что за послéдние гóды в Росси́и действи́тельно повы́силась стаби́льность, улу́чшилась **правовáя** инфраструкту́ра и начали́сь структу́рные рефóрмы, деловóй кли́мат **оставля́ет желáть лу́чшего.** Росси́я покá остаётся странóй с развивáющейся ры́ночной эконóмикой со всéми **прису́щими** такóй эконóмике недостáтками и ри́сками. Росси́йский ры́нок обладáет немáлым потенциáлом, и éсли он бу́дет и дáльше расти́, то мóжно ожидáть значи́тельного **прили́ва** инострáнного капитáла в бáнковский сéктор.

Другáя кру́пная гру́ппа бáнков вы́брала у́зкую специализáцию. Э́ти бáнки веду́т в Росси́и ограни́ченный круг операций. Они́ не всегдá считáют ну́жным открывáть в странé свои́ **филиáлы**, поэ́тому и **поступлéния** капитáла из таки́х бáнков весьмá невелики́, éсли вообщé бывáют. **Имéющиеся дáнные свидéтельствуют** о рóсте «молчали́вого прису́тствия» инострáнных бáнков на росси́йском ры́нке.

— *В Росси́и сейчáс акти́вно обсуждáется бáнковская рефóрма. Как онá мóжет повлия́ть на инострáнные бáнки?*

— Цéли э́той рефóрмы бы́ли определены́ в ноябрé 2001 гóда в «Совмéстной стратéгии ЦБР и Прави́тельства РФ в отношéнии разви́тия бáнковского сéктора». Рефóрма **затрáгивает** ряд проблéм, котóрые повлия́ют на дéятельность инострáнных бáнков.

В прогрáмме бáнковской рефóрмы двáжды говори́тся о намéрении прави́тельства **снять** все ограничéния на операции инострáнных бáнков в Росси́и. Други́м позити́вным намéрением явля́ется **внесéние** изменéний в законодáтельство и улучшéние контрóля над бáнковскими ри́сками с цéлью защи́ты прав кредитóров. Э́то бу́дет **исключи́тельно** вáжная и продукти́вная мéра, спосóбная снизить ри́ски в креди́тных операциях. Снижéнию ри́сков мóжет тáкже **спосóбствовать** перехóд на **Междунарóдную систéму бухгáлтерского учёта.**

В цéлом мóжно **констати́ровать,** что **излóженная** в «Совмéстной стратéгии» поли́тика рефóрм вы́глядит вполнé **здрáво**, а **предусмóтренные** éю мéры — э́то как раз

создание себе имени — building up a reputation

правовой — legal

оставляет желать лучшего — leaves much to be desired

присущий — intrinsic

прилив — inflow

филиал — branch

поступление — inflow

имеющиеся данные — available data

свидетельствовать — to attest

затрагивать — to concern

снять — to lift

внесение — introduction

исключительно — exceedingly

способствовать — to contribute

Международная система бухгалтерского учёта — International Accounting Standards

констатировать — to state

изложенный — outlined

здравый — sensible

предусмотренный — stipulated

то, что ну́жно. Вопро́с, как всегда́, заключа́ется в том, наско́лько бы́стро и эффекти́вно э́та програ́мма бу́дет вы́полнена. Одна́ко **нали́чие** у росси́йского прави́тельства полити́ческой **во́ли** продолжа́ть рефо́рмы не **вызыва́ет сомне́ний** в том, что э́то действи́тельно произойдёт.

наличие — presence
воля — will
вызывать сомнение — to generate doubt

(По материалам журнала «Дипломат», № 4, 2002)

2 Выберите подходящее по смыслу слово.
Choose the right word.

1) Слабость банковской системы является *препятствием* / *препоной* для устойчивого роста экономики.

2) *Недостачу* / *Нехватку* финансовых ресурсов можно восполнить за счёт более широкого привлечения в страну иностранных банков.

3) В 2001 году были снижены требования по минимальному *габариту* / *размеру* уставного капитала иностранных банков.

4) Цели, стоящие перед иностранными банками, могут быть *разделены* / *расчленены* на две группы.

5) *Деловой* / *Деловитый* климат в стране оставляет желать лучшего.

6) *Наименования* / *Названия* многих иностранных банков широко известны в России.

7) Обслуживание в некоторых банках ориентировано на *имущих* / *состоятельных* клиентов.

8) Россия остаётся страной с *развивающейся* / *раскручивающейся* рыночной экономикой.

9) Имеющиеся данные свидетельствуют о росте *немого* / *молчаливого* присутствия иностранных банков на российском рынке.

10) Это будет *продуктивная* / *плодотворная* мера, способная снизить риски в кредитных операциях.

3 Восстановите следующие слова, употреблённые в тексте.
Restore the following words which occur in the above text.

1) эк_н_м_ка
2) п_ _дсед_т_ль
3) тр_б_ва_ _е
4) ст_ _мо_ть
5) нед_ _т_ _ок
6) _ _тен_ _ал
7) пр_в_те_ _с_во
8) н_ _ме_ _ван_е

4 В следующих предложениях найдите слова, которые не соответствуют их контексту.

Identify the words and phrases which do not fit into the context of the following sentences.

1) Слабость и нервность банковской системы — одно из главных и второстепенных препятствий для устойчивого, питаемого инвестициями и минеральными источниками роста экономики.

2) Есть надежда на то, что нехватка долгосрочных и просроченных финансовых ресурсов может быть восполнена за личный счёт привлечения иностранных банков.

3) Лишь несколько западноевропейских банков расширили свои операции в российских больницах.

4) В настоящее время не требуется получать специального разрешения ЦБР и ЦРУ на краткосрочные и кратчайшие займы.

5) В последние годы в России улучшился деловой и умеренный климат.

5 Замените выделенные лексические единицы антонимами, которые можно найти в тексте.

Replace the italicised words with their antonyms from the text.

1) *сила* банковской системы
2) *спад* экономики
3) *краткосрочные* ресурсы
4) *отечественные* банки
5) *сужать* банковские операции
6) деловой климат *ухудшается*
7) *отток* капитала
8) *ужесточить* требования
9) *максимальный* размер
10) *отрицательные* перемены
11) *увеличение* притока капитала
12) *молчаливое* присутствие
13) *низкокачественное* обслуживание
14) *бедные* клиенты
15) *оптовый* бизнес
16) *повышение* стоимости
17) *достоинства* экономики
18) *мелкая* группа
19) *широкая* специализация
20) *понизить* прозрачность

6 Употребите слова, данные в скобках, в правильной грамматической форме. Где необходимо, употребите предлоги *о, на, с*.

Put the words in brackets into the correct grammatical form. Use prepositions *о, на, с* where necessary.

1) считаться (главное препятствие, надёжный банк, состоятельные клиенты)

2) свидетельствовать (немалый потенциал, безграничное влияние, хорошая репутация)

3) влиять (иностранные банки, правовая инфраструктура, узкая специализация)

4) сказываться (деловой климат, совместная стратегия, рыночная экономика)

5) способствовать (активное присутствие, структурная реформа, дальнейшее развитие)

7 Дополните следующую таблицу.

Complete the following table.

Глагол	Существительное, обозначающее действие или его результат	Существительное — название лица
инвестировать	*инвестиции*	*инвестор*
1)		оператор
2) реформировать		
3) кредитовать		
4)		контролёр
5)	рассказ	
6) учитывать		
7)		заёмщик
8)		создатель
9)	продолжение	
10)	свидетельство	

8 Выберите глагол нужного вида.

Choose the right verb.

1) В 2001 году Центральный банк значительно *смягчал* / *смягчил* свои требования к иностранным банкам.

2) Банкам не требуется *получать* / *получить* разрешение Центробанка на краткосрочные займы.

3) В настоящий момент важно *определять* / *определить* основные цели, стоящие перед иностранными банками.

4) Действующие на рынке иностранные банки уже *приобретали* / *приобрели* хорошую репутацию.

5) За последние годы в России *улучшалась* / *улучшилась* правовая инфраструктура и *начинаться* / *начаться* структурные реформы.

6) В России начали *проводить* / *провести* банковскую реформу.

9 Переделайте следующие предложения, употребив в них пассивный залог.

Rewrite the following sentences in the passive, making all necessary changes.

Образец: Нехватку финансовых ресурсов восполнят.

→ Нехватка финансовых ресурсов будет восполнена.

1) Банковские операции расширили.

2) Требования к иностранным банкам смягчили.

3) Некоторые банковские правила либерализовали.

4) В 2001 году снизили требования по минимальному размеру уставного капитала иностранных банков.

5) Реформу будут продолжать.

10 Переделайте следующие предложения, употребив в них активный залог.
Rewrite the following sentences in the active, making all necessary changes.

***Образец*:** Нехватка финансовых ресурсов *будет восполнена*.
→ Нехватку финансовых ресурсов *восполнят*.

1) Рынок в основном уже поделён.

2) Структурные реформы будут начаты.

3) В России открыты филиалы западных банков.

4) Цели банковской реформы были определены в 2001 году.

5) Риски в кредитных операциях будут снижены.

11 Восстановите следующий текст, дописав окончания слов.
Restore the following text by finishing the incomplete words.

Доверяют ли жители нашей страны банкам после июльского кризиса? Ответить н______ этот вопр______ было призва______ исследование, проведён______ коммуникационным агентст______ по инициа______ Росбанка в деся______ крупнейших россий______ городах. В нё______, как в зерк______, отразилось отнош______ россиян к деньг______ и к то______, как они хот______ ими распоряжа______. Его резуль______ подтверждают, что довер______ рядовых гражд______ к банкам раст______. Среди самых надёжных чаще всего называют Сбербанк, Внешторгбанк, Росбанк и МДМ-банк.

12 Переведите следующие предложения на русский язык.
Translate the following sentences into Russian.

1) Weaknesses in the banking system are hampering the growth of the Russian economy.

2) Economists are pinning their hopes on an increased presence of foreign banks in Russia.

3) The Central Bank of Russia toned down its demands on foreign banks.

4) Some European banks provide high-quality service for their better-off customers.

5) Banks new to the Russian market often face problems such as building up a favourable reputation.

6) In spite of improvements in the legal infrastructure, the business climate in the country leaves much to be desired.

7) According to all available data, some banks have chosen the route of narrow specialisation.

8) The Russian Government fully intends to remove all restrictions on the operations of foreign banks.

13 **Какие реформы в банковской системе рассматривало российское правительство в 2002 году?**
What reforms in the banking system was the Russian Government considering in 2002?

14 **Почему, по мнению господина Перирена, в России мало иностранных банков?**
What reasons does Mr Perhirin advance for then scarcity of foreign banks in Russia?

TEXT 6 • ТЕКСТ 6

1 **Прочитайте следующий текст и отметьте, какие из нижеприведённых утверждений соответствуют его содержанию, а какие — нет.**
Read the text and indicate which of the following statements are true and which are false.

	Да	Нет
1) Индекс «Биг Мака» рассчитывается ежегодно.		
2) Этот индекс используют серьёзные экономисты.		
3) Реальная стоимость денег зачастую зависит от субъективных факторов.		
4) «Бургерномика» основана на концепции неравенства покупательной способности денег в разных странах.		
5) Гамбургер — самый популярный в мире сэндвич.		
6) Дороже всего он стоит в России.		
7) То, что китайская и российская валюты являются недооценёнными, является скорее положительным, чем отрицательным фактором.		
8) При низком курсе рубля многие российские товары будут неконкурентоспособными по отношению к импортным аналогам.		

ПЛЮСЫ И МИНУСЫ ДЕШЁВОГО «БИГ МАКА»

Журна́л Economist («Эко́номист») опубликова́л **очередно́й** и́ндекс «Биг Ма́ка», кото́рый рассчи́тывается два́жды в год. **Заба́вный** и несерьёзный, каза́лось бы, и́ндекс ча́сто испо́льзуется **соли́дными** экономи́стами для сравне́ния реа́льной и справедли́вой сто́имости де́нег в ра́зных стра́нах. Чем же мо́жет быть интере́сен он нам, просты́м **обыва́телям**?

очередной — periodic
забавный — funny
солидный — respectable
обыватели — folk

Ны́нешняя ма́кроэконо́мика — вещь доста́точно заба́вная. Вот, наприме́р, реа́льная сто́имость де́нежных зна́ков той или ино́й страны́ **зачасту́ю** зави́сит не от объекти́вных фа́кторов, а от поли́тики э́того госуда́рства, спекуляти́вных **настрое́ний** валю́тных ди́леров и т. п. Поэ́тому в 1986 году́ был приду́ман на пе́рвый взгляд не сли́шком серьёзный и́ндекс «Биг Ма́ка». «Бургерно́мика» осно́вана на тео́рии парите́та покупа́тельной спосо́бности валю́т ра́зных стран. Про́ще говоря́, ку́рсы валю́т относи́тельно **«зелёного»** должны́ быть таки́ми, что́бы на одну́ и ту же су́мму в до́лларах в любо́й стране́ мо́жно бы́ло купи́ть одно́ и то же коли́чество това́ра одина́кового ка́чества.

нынешний — today's
зачастую — often
настроение — mood
«зелёный» — greenback (*slang name for* the American dollar)

Экспе́рты посчита́ли, что са́мым уда́чным това́ром для сравне́ния явля́ется **преслову́тый** «Биг Мак». Во-пе́рвых, с разви́тием глобализа́ции э́тот сэ́ндвич получи́л распростране́ние бо́лее чем в 100 стра́нах. Во-вторы́х, гото́вится он везде́ практи́чески по одному́ реце́пту. И чем доро́же сто́ит га́мбургер, тем бо́льше переоценена́ национа́льная валю́та. И наоборо́т. Ита́к, согла́сно после́дним да́нным, в США «Биг Мак» сто́ит $3,15. Доро́же всего́ э́тот сэ́ндвич **обхо́дится** жи́телям Швейца́рии ($4,93). Са́мый дешёвый га́мбургер в Кита́е ($1,30). То есть получа́ется, что са́мой **недооценённой** валю́той по отноше́нию к до́ллару явля́ется кита́йский юа́нь (на 59 % от **теку́щего** ку́рса). **Приме́рно** на сто́лько же переоценён швейца́рский франк. В Росси́и «Биг Мак» сто́ит $1,6. Что позво́лило экспе́ртам сде́лать вы́вод, что росси́йский рубль недооценён в два ра́за. Е́сли ве́рить расчётам парите́та покупа́тельной спосо́бности, то в на́шей стране́ до́ллар до́лжен сто́ить 14 рубле́й, а не **28 с ли́шним**, как сейча́с.

пресловутый — notorious
обходиться — to cost
недооценённый — underrated
текущий — current
примерно — approximately
28 с лишним — over 28

Пе́рвое жела́ние — **оби́деться** за на́шу национа́льную валю́ту. Одна́ко в недооценённости бо́льше плю́сов, чем

обидеться — to take offence

ми́нусов. **Неда́ром** на́ши хи́трые сосе́ди кита́йцы **из ко́жи вон ле́зут**, что́бы не допусти́ть укрепле́ния юа́ня до справедли́вого у́ровня. Так в чём же плю́сы? Е́сли бы наш **«деревя́нный»** был оценён справедли́во, тот же «Биг Мак» сто́ил бы, как в Аме́рике, то есть $3,15. Да и **про́чая** проду́кция **оте́чественного** произво́дства в до́лларовом эквивале́нте подорожа́ла бы в два ра́за. При ку́рсе 14 рубле́й за «зелёный» немно́гие росси́йские това́ры оста́нутся **конкуре́нтоспосо́бными** по отноше́нию к и́мпортным ана́логам. Ведь бо́лее кре́пкий рубль одновре́ме́нно удешевля́ет и́мпорт. Вас не пуга́ет перспекти́ва поддержа́ть зарубе́жного производи́теля? А перспекти́ва оста́ться из-за э́того без рабо́ты? Так что в любо́м слу́чае лу́чше «Биг Мак» за $1,6, чем до́ллар за 14 рублей. А **куда́ деть** сэконо́мленные на га́мбургерах де́ньги, мы уж ка́к-нибудь найдём.

недаром — not without reason
из кожи вон лезть — to do one's utmost

«деревянный» — wooden (*slang name for* the Russian ruble)
прочий — other
отечественный — domestic

конкурентоспособный — competitive

куда деть — what to spend on

(По материалам статьи А. Калединой — газета «Финансовые известия» от 23.01.06)

2 **Выберите в правой колонке подходящее по смыслу толкование слов, приведённых в левой колонке.**
Choose in the right hand-side column the suitable definition for the nouns in the left hand-side column.

1) обыватель
а) постоянный житель какой-либо местности
б) человек, часто бывающий где-либо
в) обыкновенный, ничем не примечательный человек

2) зачастую
а) частично
б) часто, нередко
в) каждый час

3) пресловутый
а) пользующийся славой
б) известный и почитаемый
в) широко известный своими отрицательными качествами

4) наоборот
а) противоположно тому, что нужно или что ожидалось, совсем не так
б) полный круг вращения
в) грубый человек

5) недаром
а) не без причины, не без цели
б) за большие деньги
в) не получив подарок

6) прочий — а) противный
б) крепкий
в) остальной, другой

7) зарубежный — а) находящийся на рубеже, на границе
б) находящийся за пределами понимания
в) заграничный

3 **Дополните следующую таблицу недостающими словоформами. Обратите внимание на возможность вариантов.**
Complete the following table by inserting the missing forms. Note that sometimes more than one choice is possible.

Существительное	Прилагательное
очередь	очередной
справедливость	
	обывательский
макроэкономика	
деньги	
	спекулятивный
валюта	
дерево	
	отечественный
импорт	
аналог	

4 **Из приведённых слева прилагательных выберите такое, которое по своим семантическим и стилистическим характеристикам может сочетаться с существительным в правой колонке.**
Choose the most appropriate adjective on the left to match the nouns on the right.

забавный уморительный комический	индекс
внушительные основательные солидные	экономисты

всамделишная реальная взаправдашняя	стоимость
всяческие всевозможные разные	страны
хитрые мудрёные замысловатые	соседи

5 **Дополните следующую таблицу недостающими названиями.**
Complete the following table by inserting the missing forms.

Страна	Жители	Житель	Жительница
Россия	россияне	россиянин	россиянка
Америка			американка
Швейцария	швейцарцы		
Китай		китаец	
Англия			англичанка
Франция	французы		
Германия		немец	
Япония			японка
Польша	поляки		
Чехия		чех	
Болгария	болгары		

6 **В выделенных глаголах употребите частицу *-ся* / *-сь*, где это необходимо.**
Use the particle *-ся* / *-сь* in the italicised verbs where necessary.

1) Индекс «Биг Мака» рассчитывает___ дважды в год.

2) Этот индекс, который может показать___ несерьёзным, использует___ экономистами для сравнения реальной стоимости денег в разных странах.

3) «Бургерномика» основывает___ на теории паритета покупательной способности валют разных стран.

4) «Биг Мак» получил___ распространение более чем в 100 странах.

5) Он готовит___ везде практически по одному рецепту.

6) Дороже всего гамбургер обходит___ жителям Швейцарии.

7) Получает___, что самой недооценённой валютой по отношению к доллару является___ китайский юань.

8) Если верить___ расчётам паритета покупательной способности, то в России доллар должен стоить в два раза меньше.

9) Первое желание — обидеть___ за нашу национальную валюту.

10) При низком обменном курсе доллара немногие российские товары останут___ конкурентоспособными по отношению к импортным аналогам.

7 **Напишите выделенные числительные словами.**
Write the italicised numerals in full.

1) Гамбургер получил распространение более чем в *100* странах.
2) В США «Биг Мак» стоит *3,15* доллара.
3) Жители Швейцарии платят за него 4,93 доллара.
4) Самый дешёвый гамбургер в Китае — 1,30 доллара.
5) Китайский юань недооценён на *59* процентов от текущего курса.
6) В России «Биг Мак» стоит *1,6* доллара.
7) В России доллар должен стоить около *15* рублей, а не около *30*, как сейчас.

8 **Дополните следующие предложения, употребив нижеприведённые глаголы в правильной форме.**
Complete the following sentences by using the verbs below as appropriate.

ценить; оценить / оценивать; переоценить / переоценивать;
недооценить / недооценивать; уценить / уценивать

1) Неопытный участник конкурса «Кто съест наибольшее количество гамбургеров» ____________ свои возможности и в результате проиграл.

2) В конце дня бутерброды ____________, и теперь они стоят намного дешевле.

3) Прежде чем принять серьёзное решение, необходимо ____________ обстановку.

4) Иногда правительство намеренно ____________ национальную валюту, чтобы избежать инфляции.

5) Больше всего учёный ____________ своё время и не занимается пустыми делами.

9 **Составьте предложения из следующих слов, употребив их в правильной грамматической форме.**
Use the following sets of words to compose sentences. Put the words in the correct grammatical form.

1) индекс; журнал; опубликовать; «Биг Мак»; недавно

2) реальный; этот; сравнение; экономист; в; стоимость; разный; для; использовать / использоваться; индекс; деньги; страна

3) на; взгляд; казаться; индекс; слишком; этот; первый; серьёзный; не

4) мочь; страна; чем; гамбургер; вы; в; купить; сто; более

5) всего; Швейцария; гамбургер; обходиться; дороже; житель

6) юань; отношение; недооценённый; к; самый; валюта; являться; по; доллар; китайский

7) раз; должен; два; Россия; в; дешевле; доллар; стоить

8) пугать; производитель; поддержать; зарубежный; перспектива; многие люди

10 **Переделайте следующие предложения, употребив в них вместо изъявительного сослагательное наклонение.**
Rewrite the following sentences using the subjunctive mood instead of the indicative mood.

***Образец*:** Журнал публикует индексы для сравнения реальной стоимости денег, если есть такая необходимость.
→ Журнал публиковал бы индексы для сравнения реальной стоимости денег, если бы была такая необходимость.

1) Индекс «Биг Мака» может показаться несерьёзным.

2) Этот индекс интересен простым обывателям.

3) Гамбургер готовится по одному рецепту, если есть необходимые ингредиенты.

4) В России доллар должен стоить в два раза дешевле.

5) В недооценённости национальной валюты больше плюсов, чем минусов.

6) Немногие российские товары останутся конкурентоспособными по отношению к импортным аналогам.

7) Людей пугает перспектива остаться без работы.

8) Многие люди найдут, куда деть сэкономленные на гамбургерах деньги.

11 **Исправьте лексические ошибки в следующих предложениях.**
The following sentences contain lexical mistakes. Find and correct them.

1) Индекс «Биг Мака» используется солидарными экономистами для сравнения реалистической стоимости денег в разных сторонах.

2) Стоимость денежных признаков страны зависит не от объектных факторов, а от политики государства.

3) Самым удачливым товаром для уравнения является «Биг Мак».

4) Согласовано последним датам, китайский гамбургер самый удешевлённый.

5) Китай старается не пропустить прикрепления юаня до праведного уровня.

12 **Придумайте предложения, употребив в них следующие вводные фразы.**
Use the following phrases in sentences of your own.

проще говоря
строго говоря
мягко говоря
вообще говоря
честно говоря
по правде говоря

13 **Переведите следующие предложения на английский язык.**
Translate the following sentences into English.

1) Удивительно, что экономисты используют такой странный индекс для сравнения реальной стоимости денег в разных странах.

2) Реальная стоимость денег часто зависит от субъективных факторов.

3) Обменный курс валюты рассчитывается таким образом, что одно и тоже количество товаров можно купить за одно же количество американских долларов.

4) Глобализация привела к тому, что рестораны «Макдональдс» существуют в более чем ста странах мира.

5) В разных странах «Биг Мак» стоит по-разному, при этом дороже всего он стоит в Швейцарии.

6) Китайский юань и российский рубль недооценены по отношению к американскому доллару, но в этом больше плюсов, чем минусов.

7) Если бы рубль был оценён по достоинству, то «Биг Мак» стоил бы больше трёх долларов.

8) Укрепление рубля может привести к удешевлению импортных товаров на российском рынке.

14 **Составьте диалог двух экономистов, один из которых одобряет использование индекса «Биг Мака» для сравнения реальной стоимости денег в разных странах, а другой — нет.**
Compose a dialogue between two economists, one of whom approves of the use of the Big Mac index and one of whom disapproves.

15 **Представьте себе, что вы экономист. Объясните, почему индекс «Биг Мака» удобен для сравнения реальной стоимости денег в разных странах.**
Imagine that you are an economist. Explain why the Big Mac index is useful for comparing the real value of money in various countries.

1 **Прочитайте следующий текст и отметьте, какие из нижеприведённых утверждений соответствуют его содержанию, а какие — нет.**
Read the text and indicate which of the following statements are true and which are false.

	Да	Нет
1) Нормы, ограничивающие права иностранцев, продиктованы интересами населения.		
2) Нерезиденты — это иностранные граждане, которые находятся на территории России менее 183 дней в течение календарного года.		
3) Доход, полученный от продажи нерезидентами недвижимого имущества, не облагается налогом.		
4) Нерезиденты имеют право при уплате подоходного налога вычесть из стоимости проданного имущества расходы на его приобретение.		
5) Иностранный гражданин, получивший статус резидента, платит налог только с разницы между ценой покупки и продажи этого имущества.		
6) Установленное новым Налоговым кодексом России ограничение имущественных прав нерезидентов можно считать экономически оправданным и справедливым.		

НЕДВИЖИМОСТЬ ДЛЯ НЕРЕЗИДЕНТОВ

О пробле́мах **взима́ния подохо́дного нало́га** с нерезиде́нтов Росси́йской Федера́ции расска́зывает Дми́трий Бесе́дин — партнёр юриди́ческой фи́рмы «Бесе́дин, Ава́ков, Тара́сов и партнёры».

недвижимость — real estate
взимание — collecting
подоходный налог — income tax

В росси́йском законода́тельстве име́ются но́рмы, ограни́чивающие права́ иностра́нцев. Для ря́да таки́х норм тру́дно найти́ **разу́мное** объясне́ние, поско́льку они́ не продикто́ваны интере́сами **оте́чественных** производи́телей и́ли населе́ния, что обы́чно слу́жит моти́вом для **введе́ния** ра́зного ро́да ограниче́ний для иностра́нцев в ра́звитых стра́нах. Приме́ром таки́х **неопра́вданных** ограниче́ний мо́гут служи́ть отде́льные **положе́ния** Нало́гового ко́декса Росси́йской Федера́ции (НК РФ), каса́ющиеся **поря́дка начисле́ния нало́гов на дохо́ды физи́ческих лиц**. Речь идёт о **нало́гообложе́нии** нерезиде́нтов, каковы́ми счита́ются иностра́нные гра́ждане, кото́рые нахо́дятся на террито́рии Росси́и ме́нее 183 дней в тече́ние календа́рного го́да. (Нало́говыми резиде́нтами счита́ются росси́йские и иностра́нные гра́ждане, находя́щиеся в стране́ свы́ше э́того сро́ка и обя́занные плати́ть нало́ги с дохо́дов, полу́ченных во всём ми́ре и́ли то́лько в Росси́и.)

разумный — reasonable
отечественный — domestic
введение — enacting
неоправданный — unwarranted
положение — provision
порядок — procedure
начисление налогов на доходы — profit tax collection
физическое лицо — physical entity
налогообложение — taxation

Нерезиде́нты должны́ плати́ть нало́г на дохо́ды физи́ческих лиц по ито́гам календа́рного го́да в разме́ре 30 проце́нтов от су́ммы дохо́да от исто́чников в Росси́йской Федера́ции, в кото́рую вхо́дит и дохо́д, полу́ченный от прода́жи принадлежа́щего им в стране́ недви́жимого иму́щества. Под дохо́дом нерезиде́нта от тако́й прода́жи понима́ется не ра́зница ме́жду покупно́й и прода́жной сто́имостью, а вся су́мма, полу́ченная от реализа́ции иму́щества. При э́том нерезиде́нты не име́ют пра́ва на так называ́емые «иму́щественные нало́говые **вы́четы**», то есть при упла́те подохо́дного нало́га они́ не мо́гут вы́честь из сто́имости про́данного иму́щества расхо́ды на его́ приобрете́ние, что **впра́ве сде́лать** резиде́нты.

вычет — deduction

Приведу́ приме́р из на́шей пра́ктики. Иностра́нный граждани́н в 2000 году́ купи́л в Росси́и кварти́ру за миллио́н рубле́й, а в сле́дующем году́, **в си́лу непредви́денных обстоя́тельств**, был вы́нужден её прода́ть за ту же

вправе сделать — to have the right to do
в силу непредвиденных обстоятельств — due unforeseen circumstances

су́мму. Так как наш клие́нт находи́лся в тече́ние 2001 го́да в РФ ме́нее 183 дней, то он был обя́зан как нерезиде́нт в 2002 году́ заплати́ть нало́г в разме́ре 300 ты́сяч рубле́й. Е́сли бы нерезиде́нт обрати́лся к нам за сове́том до приобрете́ния кварти́ры, мы бы разъясни́ли ему́ возника́ющие в связи́ с таки́м приобрете́нием нало́говые ри́ски, а та́кже предложи́ли спо́собы их минимиза́ции. Одна́ко в да́нной ситуа́ции обраще́ние к юри́стам уже́ запозда́ло.

В связи́ с э́тим сле́дует заме́тить, что нало́говый резиде́нт Росси́и име́ет пра́во на иму́щественные нало́говые вы́четы, разме́ры кото́рых зави́сят от сро́ка, в тече́ние кото́рого иму́щество находи́лось в его́ **со́бственности**. Е́сли, к приме́ру, кварти́ра принадлежа́ла резиде́нту бо́лее пяти́ лет, то он совсе́м **освобожда́ется** от упла́ты нало́га на её прода́жу. Е́сли же кварти́ру продаёт иностра́нный граждани́н, кото́рый находи́лся на террито́рии Росси́и бо́лее полуго́да и то́же получи́л ста́тус резиде́нта, он пла́тит нало́г на прода́жу иму́щества, но то́лько с су́ммы, превыша́ющей разме́р нало́гового вы́чета, то есть с ра́зницы ме́жду ценой́ поку́пки и ценой́ прода́жи э́того иму́щества.

собственность — possession

освобождаться — to be exempted

Устано́вленный НК РФ **жёсткий** поря́док нало́гообложе́ния нерезиде́нтов, вообще́ **лиша́ющий** их пра́ва на нало́говые вы́четы, тру́дно объясни́ть жела́нием росси́йских законода́телей ограни́чить возмо́жности иностра́нцев для спекуляти́вных сде́лок с недви́жимостью. Ведь в стра́нах, где нало́говое законода́тельство предусма́тривает подо́бные **льго́ты**, спекуляти́вные дохо́ды ограни́чиваются **путём привя́зки** разме́ров нало́говых вы́четов к сро́кам нахожде́ния иму́щества в со́бственности нало́гопла́тельщика незави́симо от того́, явля́ется он нало́говым резиде́нтом и́ли нет. В связи́ с э́тим устано́вленное но́вым Нало́говым ко́дексом Росси́и ограниче́ние иму́щественных прав нерезиде́нтов вряд ли мо́жно счита́ть экономи́чески **опра́вданным** и **справедли́вым**.

жёсткий — rigid

лишать — to deprive

льгота — exemption

путём привязки — by linking

оправданный — justified

справедливый — just

(По материалам журнала «Дипломат», № 12, 2003)

2 Какие слова соответствуют следующим определениям?

What words correspond to the following definitions?

1) Налог, соответствующий доходу физического лица, — это ________________ налог.

2) Относящийся к отечеству, принадлежащий ему, не иностранный, т. е. ______________________________________.

3) Дома, квартиры, другие строения, а также земельный участок — это ______________________________________.

4) Специалист по юридическим вопросам, юридическим наукам — это ______________.

5) Человек, который платит налоги, — это ____.

6) Совокупность законов или составление и издание законов — это ________________.

7) Двусторонний договор о выполнении чего-либо — это ________________.

8) Облегчение, предоставляемое кому-либо как исключение из общих правил, — это ________________.

3 Восстановите следующие слова, дописав недостающие буквы.

Restore the following words by inserting the missing letters.

1) па_тн_р
2) _ак_но_ат_л_ст_о
3) о_ъя_н_ни_
4) ог_ан_че_ие
5) _ало_оо_ло_ен_е
6) им_ще_тв_
7) п_ио_рет_ни_
8) р_зн_ц_

4 Найдите слова, не соответствующие контексту следующих предложений.

Find the words and phrases which do not fit into the following sentences.

1) Наш собеседник — партнёр и приятель юридической фирмы.

2) Некоторые нормы российского законодательства ограничивают права иностранцев и инопланетян.

3) Эти нормы не продиктованы на магнитофон интересами населения.

4) Некоторые из норм служат мотивами известных песен для введения разного рода ограничений для иностранцев.

5) Отдельные положения налогового кодекса касаются порядка начисления налогов на доходы физических и химических лиц.

6) Граждане обязаны платить налоги с доходов и убытков, полученных во всём мире и за его пределами.

7) Нерезиденты платят налог в размере 30 процентов от суммы дохода от источников полезных ископаемых в стране.

8) Автор привёл пример из юридической и теоретической практики.

9) Так как клиент находился в течение года в стране менее 183 дней, то он был обязан заплатить налог и взятку в размере 300 тысяч рублей.

10) Установленный порядок налогообложения лишает нерезидентов права на налоговые вычеты, труд и отдых.

5 Выберите подходящее по смыслу слово.
Choose the right word.

1) Некоторые нормы в *законодательстве* / *законотворчестве* ограничивают права иностранцев.

2) Этому обстоятельству трудно найти *благоразумное* / *разумное* объяснение.

3) Отдельные положения Налогового кодекса РФ могут служить примером *неоправданных* / *неправдивых* ограничений.

4) Ограничения касаются порядка *вычисления* / *начисления* налогов на доходы физических лиц.

5) Нерезиденты должны платить налог на доход, полученный от продажи *недвижимого* / *неподвижного* имущества.

6) Нерезиденты не имеют права на налоговые *вычеты* / *зачёты*.

7) Налоговым кодексом установлен *жёсткий* / *жестокий* порядок налогообложения нерезидентов.

8) Законодатели стараются ограничить возможности для спекулятивных *сделок* / *подделок* с недвижимостью.

6 Составьте словосочетания из следующих прилагательных и существительных. Придумайте предложения с этими словосочетаниями.
Match the following adjectives and nouns. Use the collocations you have just formed in sentences of your own.

юридический	страна
разумный	имущество
российский	порядок
отечественный	фирма
развитый	налог
физический	вычеты
календарный	производство
недвижимый	лицо
налоговый	объяснение
подоходный	год
жёсткий	законодательство

7 Замените выделенные слова их более книжными синонимами, которые можно найти в тексте.
Replace the italicised words with their more formal synonyms which can be found in the text.

1) В законодательстве России *есть* нормы, ограничивающие права иностранцев.

2) Эти нормы не продиктованы интересами *здешних* производителей.

3) Иностранный гражданин *был* в России в течение этого года.

4) *Человек, проживший в стране менее 183 дней,* не обратился к юристам за советом до *покупки* квартиры.

5) Юристы могут предложить способы *уменьшения* налоговых выплат.

8 Вставьте необходимые предлоги.
Insert the correct prepositions.

1) Нерезиденты платят налог ______ доходы ______ итогам календарного года ______ размере 30 % ______ суммы дохода.

2) ______ эту сумму входит и доход, полученный ______ продажи принадлежащего им ______ стране недвижимого имущества.

3) Обычно ______ доходом нерезидента ______ такой продажи понимается вся сумма, полученная ______ реализации имущества. ______ этом нерезиденты не имеют права ______ имущественные налоговые вычеты.

4) Нерезиденты не могут вычесть ______ стоимости проданного имущества расходы ______ его приобретение.

5) Один гражданин купил квартиру ______ миллион рублей, а ______ следующем году, ______ силу непредвиденных обстоятельств, вынужден был продать её ______ ту же сумму.

6) Если бы клиент обратился ______ юристам ______ советом, они бы разъяснили ему возможные риски.

7) Налоговый резидент имеет право ______ налоговые вычеты, размеры которых зависят ______ срока, ______ течение которого имущество находилось ______ его собственности.

8) Спекулятивные доходы ограничиваются путём привязки размеров налоговых вычетов ______ срокам нахождения имущества ______ собственности налогоплательщика.

9 Дополните предложения, употребив нижеприведённые однокоренные существительные в правильной форме.
Complete the following sentences by using the words below as appropriate.

доход, расход, подход, переход, вход, выход, уход, приход, обход, отход

1) Клиент попросил компенсировать ____________ на приобретение авиабилетов.

2) Главный ____________ в здание был закрыт, нам пришлось идти в ____________ и воспользоваться запасным ____________.

3) Налоговый кодекс регулирует порядок начисления налогов на ____________ физических лиц.

4) Некоторые бизнесмены действуют в ____________ существующего законодательства.

5) Сотрудники юридической фирмы стараются найти индивидуальный ____________ к каждому клиенту.

6) ____________ от старой системы налогообложения к новой был весьма сложным.

7) Участники переговоров старались найти разумный ____________ из сложной ситуации.

8) В последнее время в стране наблюдается ____________ от демократии.

9) В фирме никто не ожидал ___________ налогового инспектора.

10) После ___________ на пенсию старого директора компанией руководит совет директоров.

10 **Замените придаточные определительные предложения со словом *который* причастными оборотами, содержащими действительные или страдательные причастия.**
Replace the italicised attributive clauses with phrases containing active or passive participles.

***Образец*:** В российском законодательстве имеются нормы, *которые ограничивают* права иностранцев.
→ В российском законодательстве имеются нормы, *ограничивающие* права иностранцев.

1) Речь идёт о различных ограничениях для иностранцев, *которые действуют* в России.

2) Примером таких ограничений могут служить отдельные положения Налогового кодекса РФ, *которые касаются* порядка начисления налогов на доходы физических лиц.

3) Иностранцы, *которые находятся* на территории России менее 183 дней в течение календарного года, должны платить соответствующие налоги.

4) Иностранные граждане обязаны платить налоги с доходов, *которые получены* в России.

5) Юридическая фирма могла бы предложить способы, *которые минимизируют* сумму взимаемого налога.

6) Иностранный гражданин, *который получил* статус резидента, платит налог на продажу имущества только с суммы, *которая превышает* размер налогового вычета.

7) Жёсткий порядок налогообложения нерезидентов, *который установлен* Налоговым кодексом РФ, лишает их права на налоговые вычеты.

8) Налоговое законодательство, *которое предусматривает* подобные льготы, способно ограничить спекулятивные доходы.

11 **Замените выделенные придаточные времени конструкциями, содержащими предлог *при* и отглагольное существительное.**
Replace the italicised clauses of time with constructions containing the preposition *при* and a noun derived from the verb.

***Образец*:** *Когда уплачивается подоходный налог,* нерезиденты не могут вычесть из стоимости проданного имущества расходы на его приобретение.
→ *При уплате подоходного налога* нерезиденты не могут вычесть из стоимости проданного имущества расходы на его приобретение.

1) *Когда взимается налог с иностранных граждан,* учитываются сроки их пребывания в стране.

2) *Когда начисляется налог,* учитывается доход физического лица.

3) *Когда продаётся недвижимость,* необходимо уплатить соответствующий налог.

4) *Когда покупалась квартира,* иностранный гражданин уплатил миллион рублей.

5) *Когда обращаешься к юристам,* необходимо чётко сформулировать проблему.

6) *Когда высчитывают налоги,* принимают во внимание разные обстоятельства.

7) *Когда получаешь статус резидента,* налог взимается в меньшем размере.

8) *Когда ущемляют права нерезидентов,* страдают интересы многих людей.

12 Переведите следующие предложения на английский язык.
Translate the following sentences into English.

1) Целый ряд норм российского законодательства ограничивает права нерезидентов.

2) Под нерезидентом понимается иностранный граждан, который находится на территории России менее 183 дней в течение календарного года.

3) В отличие от резидентов нерезиденты не имеют права на имущественные налоговые вычеты.

4) Иностранные клиенты очень часто не знают, как минимизировать налоговые риски при покупке квартиры.

5) Если квартира принадлежит резиденту более пяти лет, то он вовсе освобождается от уплаты налога при её продаже.

6) Жёсткий порядок имущественного налогообложения для нерезидентов кажется экономически неоправданным и даже несправедливым.

7) Новый Налоговый кодекс России лишает нерезидентов любых налоговых вычетов.

8) Любому иностранному гражданину, покупающему недвижимость в России, следует обратиться за советом к российскому консультанту по налогообложению.

13 Почему Дмитрий Беседин считает российскую систему налогообложения несправедливой по отношению к нерезидентам?
Why does Dmitry Besedin consider the Russian taxation system to be unfair to non-residents?

14 Считаете ли вы, что система налогообложения в вашей стране справедлива? Как, по вашему мнению, можно её усовершенствовать?
Do you think that the system of taxation in your country is fair? How do you think it could be improved?

1 **Прочитайте следующий текст и отметьте, какие утверждения соответствуют его содержанию, а какие — нет.**
Read the text and indicate which of the following statements are true and which are false.

	Да	Нет
1) В России существует значительный разрыв между доходами богатых и бедных граждан.		
2) Такой разрыв может привести к социальным волнениям в стране.		
3) Значительное различие в доходах граждан возникло только в прошлом году.		
4) На Западе используется иная методика подсчёта уровня жизни.		
5) Доходы граждан России повышаются.		
6) В России наблюдается потребительский бум.		
7) Официальные данные об инфляции и данные независимых экспертов расходятся.		
8) Цены на товары и услуги остались прежними.		

СТРАНА КОНТРАСТОВ

Росста́т[1] опубликова́л после́дние да́нные об у́ровне жи́зни россия́н. Согла́сно официа́льной стати́стике, в про́шлом году́ **разры́в** между дохо́дами состоя́тельных гра́ждан и их бе́дных **соотéчественников** увели́чился в 14,8 ра́за. По при́нятым междунаро́дным оце́нкам, тако́й разры́в свиде́тельствует о том, что страна́ перешла́ **черту́**, за кото́рой — реа́льная опа́сность мо́щных социа́льных **волне́ний**. Согла́сно официа́льным да́нным, разры́в между 10 проце́нтами са́мых обеспе́ченных и 10 проце́нтами са́мых бе́дных россия́н растёт начина́я с 2000 го́да. Тогда́ их дохо́ды отлича́лись в 13,9 ра́за. Пото́м два го́да **подря́д** разли́чие бы́ло **четы́рнадцатикра́тным**. Наконе́ц, по ито́гам 2003 го́да разры́в соста́вил 14,3 ра́за.

Э́тот и́ндекс **неприли́чно** вели́к, осо́бенно е́сли сра́внивать его́ с ра́звитыми стра́нами. На За́паде, впро́чем, испо́льзуется не́сколько друга́я мето́дика **расчёта** у́ровня жи́зни: **про́пасть** между бе́дными и бога́тыми **определя́ется** по ра́знице дохо́дов не 10 проце́нтов, а 20 проце́нтов населе́ния, и э́тот разры́в составля́ет **приме́рно** 4–5 раз. Е́сли примени́ть таку́ю мето́дику к Росси́и, социа́льный разры́в уме́ньшится и ока́жется приме́рно восьмикра́тным. Но не сто́ит ра́доваться: по европе́йским **представле́ниям**, да́же семикра́тная ра́зница счита́ется **запреде́льной**.

Реа́льные де́нежные дохо́ды россия́н за янва́рь 2005 го́да сни́зились на 9,6 проце́нта, по сравне́нию с январём 2004 го́да, расхо́ды же, наоборо́т, **стреми́тельно** расту́т. Э́ти оце́нки **подтвержда́ются** и специали́стами **ВЦИО́М**, кото́рые констати́руют, что е́сли в после́дние го́ды дохо́ды гра́ждан **нака́пливались**, то в 2004 году́ они́ ста́ли акти́вно **расхо́доваться**. Не́которые специали́сты свя́зывают э́то с так называ́емым потреби́тельским бу́мом, кото́рый пережива́ет Росси́я. В са́мом де́ле, потребле́ние растёт, но происхо́дит э́то гла́вным о́бразом в той социа́льной **среде́**, кото́рая отно́сится к 10 проце́нтам состоя́тельных россия́н. Гла́вная же причи́на — инфля́ция. За про́шлый год она́, по официа́льным да́нным, соста́вила 11,7 проце́нта (незави́симые экспе́рты говоря́т о 13–15 проце́нтах).

разрыв — gap
соотечественник — fellow-countryman
черта — line
волнение — upheaval
подряд — in a row
четырнадцатикратный — fourteen times bigger
неприлично — obscenely
расчёт — calculating
пропасть — abyss
определяться — to be determined
примерно — approximately
представление — view
запредельный — excessive
стремительно — rapidly
подтверждаться – to be confirmed
ВЦИОМ — *abbr. of* Всероссийский центр изучения общественного мнения (The All-Russian Centre for the Study of Social Opinion)
накапливаться — to be saved up
расходоваться — to be spent
среда — milieu

[1] Federal State Statistical Service.

Но э́то так называ́емый ба́зовый **показа́тель, не́что вро́де** сре́дней температу́ры по больни́це. Рост цен на отде́льные това́ры и услу́ги был намно́го вы́ше: жили́щно-комму́на́льные услу́ги подорожа́ли на 23,5 %, **говя́дина** — на 26 %, **свини́на** — на 40 %, бензи́н в сре́днем — то́же на 40 %, а ди́зельное то́пливо — на 56 %. Получа́ется, что тра́тить бо́льше ста́ли не то́лько те, у кого́ есть на э́то де́ньги, но и те, у кого́ их не хвата́ет, ведь без кварти́ры, еды́ и пое́здок на рабо́ту в любо́м слу́чае не **обойти́сь**.

показатель — index
нечто вроде — something like
говядина — beef
свинина — pork
обойтись — to do without

(По материалам газеты «Новые Известия», сайта NEWSru.com, 2005)

2 Какие слова, употреблённые в тексте, соответствуют следующим определениям?
Which words used in the above text match the following definitions?

1) Издать, выпустить в свет — значит ___________.

2) Сведения, необходимые для какого-либо вывода, решения, — это ___________.

3) Наука о количественных изменениях в развитии общества — это ___________.

4) Богатый, обеспеченный — это ___________.

5) Массовое выражение недовольства, протеста — это социальные ___________.

6) Деньги или материальные ценности, получаемые от какого-либо рода деятельности, — это ___________.

7) Несходство в чём-либо — это ___________.

8) Очень быстро, то есть __________.

9) Неожиданное, быстрое увеличение потребления — это ___________.

10) Чрезмерное увеличение количества обращающихся в стране денег, вызывающее их обесценение, — это ___________.

3 Выберите подходящее по смыслу слово.
Choose the right word.

1) Недавно были опубликованы *финальные* / *последние* данные об уровне жизни россиян.

2) Разрыв между доходами состоятельных и *бедных* / *скудных* граждан увеличился.

3) По *интернациональным* / *международным* оценкам, такой разрыв свидетельствует о том, что страна перешла опасную черту.

4) По европейским представлениям, даже семикратная разница в доходах *считается* / *числится* запредельной.

5) *Истинные* / *Реальные* денежные доходы россиян снизились.

6) Расходы *стремительно* / *проворно* растут.

7) Происходит это *главным* / *основным* образом среди состоятельных россиян.

8) *Автономные* / *Независимые* эксперты говорят, что инфляция составила 13–15 %.

4 **Употребите предлоги, где это необходимо. Слова, данные в скобках, употребите в правильной грамматической форме.**

Using prepositions where necessary, put the words in brackets into the correct grammatical form.

1) Недавно были опубликованы данные ______ (уровень) жизни россиян.

2) Разрыв ______ (доходы) граждан свидетельствует ______ (то), что страна перешла ______ (опасная черта).

3) ______ (итоги) года различие ______ (доходы) увеличилось ______ (несколько раз).

4) ______ (официальные данные), разрыв _____ (десять) процентами самых обеспеченных и 10 процентами ___________ (самые бедные россияне) растёт.

5) ______(Запад) используется иная методика расчёта уровня жизни.

6) Пропасть ______ (бедные и богатые) определяется ______ (разница) доходов 20 процентов населения.

7) Реальные доходы россиян снизились почти ______ (десять) процентов.

8) Некоторые специалисты связывают это ______ (так называемый потребительский бум) в России.

9) Тратить больше стали и те, ______ (кто) есть деньги, и те, ______ (кто) их не хватает.

10) Нельзя обойтись ______ (квартира, еда) и поездок ______ (работа).

5 **Дополните следующую таблицу.**

Complete the following table.

Несовершенный вид	Совершенный вид
1) публиковать	
2) отрываться	
3)	увеличиться
4) отличаться	
5)	сравнить
6)	снизиться
7) подтверждать	
8)	накопиться
9) расходовать	
10)	связать
11) дорожать	
12)	обойтись

6 **Переделайте следующие предложения, употребив в них страдательный залог.**
Rewrite the following sentences in the passive, making all necessary changes.

Образец: Специалисты подтверждают / подтверждали / подтвердили эти оценки.
→ Эти оценки подтверждаются / подтверждались / (были) подтверждены специалистами.

1) Росстат опубликовал последние данные об уровне жизни россиян.
2) Западные эксперты используют несколько иную методику расчёта уровня жизни.
3) Специалисты применили такую методику к России.
4) Социологи считают даже семикратную разницу запредельной.
5) В 2005 году граждане израсходовали больше денег, чем в прошлом году.
6) Некоторые специалисты связывают это с потребительским бумом в России.

7 **В выделенных глаголах употребите частицу *-ся* / *-сь*, где это необходимо.**
Add the particle *-ся* / *-сь* to the italicised verbs where necessary.

1) Разрыв в доходах богатых и бедных *увеличил*___ .
2) Доходы этих категорий граждан *отличают*___ во много раз.
3) По итогам 2003 года разрыв *составил*___ 14,3 раза.
4) Пропасть между бедными и богатыми *определяет*___ по разнице доходов 20 % населения.
5) При такой методике подсчёта социальный разрыв *уменьшит*___ и *окажет*___ восьмикратным.
6) Не стоит *радовать*___: в Европе даже семикратную разницу *считают*___ запредельной.
7) Зарплата некоторых граждан *снизила*___.
8) В последние годы граждане доходы *накапливали*___, а в 2004 году они их активно *расходовали*___.
9) Жилищно-коммунальные услуги *подорожали*___.
10) Без квартиры, еды и поездок на работу людям не *обойти*___.

8 **Определите, в каких предложениях выделенные слова являются существительными мужского рода, а в каких — деепричастиями.**
In which of the following sentences are the italicised words masculine nouns and in which are they verbal adverbs (gerunds)?

1) *Разрыв* между доходами самых обеспеченных и самых бедных россиян растёт.
2) *Разрыв* землю, она посадила молодое деревце.
3) После получения печального известия он испытал нервный *срыв*.
4) Он нашёл клад, *срыв* несколько слоёв земли.
5) Я так и не нашёл нужную мне книгу, *перерыв* все свои книги в книжном шкафу.
6) *Перерыв* был слишком коротким, я не успел отдохнуть.

7) *Прорыв* в науке возможен, но совершить его трудно.

8) *Прорыв* ход под стеной, мышь попала в дом.

9) *Пролив* кофе на новую блузку, девушка очень расстроилась.

10) Узкий *пролив* отделяет остров от материка.

11) Финский *залив* находится на северо-западе Европы.

12) *Залив* скатерть соусом, гость долго извинялся перед хозяйкой.

13) Начался *отлив*, и яхты не могли сдвинуться с места.

14) *Отлив* себе вина из бутылки, он устроился в кресле перед камином.

15) *Налив* чаю посетителям, секретарша вышла из кабинета директора.

16) Мне нравятся яблоки «белый *налив*».

9 Напишите выделенные числительные словами.

Write all the italicised numerals in full.

1) В прошлом году разрыв между доходами состоятельных граждан и их бедных соотечественников увеличился до *14,8* раза.

2) Разрыв между *10* процентами самых обеспеченных и *10* процентами самых бедных россиян растёт начиная с *2000* года.

3) Тогда их доходы отличались в *13,9* раза.

4) По итогам *2003* года разрыв составил *14,3* раза.

5) На Западе пропасть между бедными и богатыми определяется по разнице доходов не *10* процентов, а *20* процентов населения.

6) Реальные денежные доходы россиян за январь *2005* года снизились на *9,6* процента, по сравнению с январём *2004* года.

7) За прошлый год инфляция составила *11,7* процента (независимые эксперты говорят о *13–15* процентах).

8) Жилищно-коммунальные услуги подорожали на *23,5* %, говядина — на *26* %, свинина — на *40* %, а дизельное топливо — на *56* %.

10 Употребите местоимение *тот* в правильной форме.

Fill in the gaps with the pronoun *тот* as appropriate.

1) Подобный разрыв в доходах свидетельствует о ______, что страна перешла ______черту, за которой существует реальная опасность мощных социальных волнений.

2) Эти оценки подтверждают ______, что доходы граждан в 2004 году стали активно расходоваться.

3) Некоторые специалисты связывают это с ______ потребительским бумом, который переживает сейчас Россия.

4) Рост потребления происходит главным образом в ______ социальной среде, которая относится к 10 процентам состоятельных россиян.

5) Цены на ______ услуги, которые называют жилищно-коммунальными, выросли намного больше.

11 **Дополните следующие предложения, употребив в них нижеприведённые существительные в правильной грамматической форме.**
Complete the following sentences by using the nouns below as appropriate.

зачёт, обсчёт, отчёт, пересчёт, переучёт, подсчёт, просчёт, расчёт, счёт, учёт

1) На Западе используется другая методика ___________ уровня жизни населения.

2) После голосования будет проведён ___________ голосов избирателей.

3) Некоторые российские граждане имеют ___________ в иностранном банке.

4) Кассир был уволен за ___________ покупателя.

5) Студент не сдал ___________ по математике, и его не допустили к экзаменам.

6) На собрании акционеров директор компании выступил с ___________ о работе за год.

7) Специальность «Бухгалтерский ___________» весьма популярна среди поступающих в вузы.

8) Произошла серьёзная ошибка, и это ___________ руководителя.

9) Сумма неправильная, требуется ___________.

10) В старые времена можно было увидеть объявление на дверях магазина: «Магазин закрыт на ___________».

12 **Переведите следующие предложения на английский язык.**
Translate the following sentences into English.

1) Согласно официальной статистике, разрыв в доходах между 10 % самых богатых и 10 % самых бедных граждан России составляет 14,8 раза.

2) Это свидетельствует о том, что страна перешла черту, за которой стоит реальная опасность серьёзных социальных волнений.

3) По западным методикам расчёта уровня жизни пропасть между бедными и богатыми определяется по разнице доходов не 10 %, а 20 % населения.

4) На Западе доходы самых богатых и самых бедных обычно отличаются не более чем в 4–5 раз.

5) Если применить такую методику к России, социальный разрыв уменьшится и окажется примерно восьмикратным.

6) По западным меркам, однако, даже семикратная разница в уровне жизни считается запредельной.

7) Некоторые специалисты утверждают, что Россия переживает потребительский бум.

8) Действительно, потребление растёт, но происходит это главным образом в той социальной среде, которая относится к 10 процентам состоятельных россиян.

13 **Какие причины сокращения накоплений средних россиян называют эксперты?**
What reasons do many specialists adduce for the reduction in the savings of average Russians in recent years?

14 **Сформулируйте несколько предложений, как можно эффективно сократить разрыв между богатыми и бедными гражданами государства.**
Formulate a few suggestions of your own on how the gap between rich and poor in Russia can be bridged in an effective way.

TEXT 9 • ТЕКСТ 9

1 **Прочитайте следующий текст и отметьте, какие из нижеприведённых утверждений соответствуют его содержанию, а какие — нет.**
Read the text and indicate which of the following statements are true and which are false.

	Да	Нет
1) Журнал «Форбс» занимается оценкой капиталов самых богатых людей мира уже десять лет.		
2) В 1997 году, по подсчётам журнала, в России было не более пяти миллиардеров.		
3) Общий капитал российских нуворишей составляет половину ВВП страны.		
4) Российский нувориш — это мужчина, которому за пятьдесят, родился в Москве, но все дела решает за границей.		
5) 35-е место в списке самых богатых людей России занимает женщина.		
6) Е. Батурина любит публичные выступления и даёт развёрнутые интервью.		
7) Состояние Е. Батуриной превышает миллиард долларов США.		
8) Борис Березовский считает, что «Форбс» занизил размер его состояния.		
9) По сведениям журнала «Форбс», во всём мире насчитывается десять женщин-миллиардерш.		
10) Е. Батурина входит в мировой список миллиардерш.		

БОГАЧЕ АНГЛИЙСКОЙ КОРОЛЕВЫ

СЕНСАЦИЯ В ЖУРНАЛЕ «ФОРБС»

По ру́сской тради́ции счита́ется, что **подсчи́тывать** де́ньги в чужо́м карма́не — заня́тие хотя́ и увлека́тельное, но я́вно дурно́го то́на. Одна́ко на За́паде ду́мают ина́че. По кра́йней ме́ре америка́нский журна́л «Форбс» вот уже́ не одно́ десятиле́тие занима́ется оце́нкой капита́лов са́мых бога́тых люде́й ми́ра.

подсчитывать — to count

Семь лет наза́д тем же са́мым, но в Росси́и, начала́ занима́ться ру́сская реда́кция э́того журна́ла. Тогда́, в 1997 году́, «Форбс» насчита́л всего́ четырёх до́лларовых миллиарде́ров: Березо́вского, Ходорко́вского, Алекпе́рова и Вя́хирева. Но вот в своём ма́йском но́мере за 2004 год журна́л опубликова́л уже́ «росси́йскую со́тню» бизнесме́нов, так сказа́ть, по́лное собра́ние облада́телей крупне́йших состоя́ний в стране́. Нам есть кем **горди́ться**. Отде́льные представи́тели Росси́и **богате́ют как на дрожжа́х**: ока́зывается, что у нас уже́ 36 миллиарде́ров, а состоя́ние оста́вшихся 64 «де́нежных мешко́в» **исчисля́ется** со́тнями миллио́нов до́лларов. О́бщий капита́л оте́чественных нувори́шей составля́ет 110 млрд. **«зелёных»**, т. е. че́тверть ВВП страны́. **Обобщённый о́браз** росси́йского нувори́ша вы́глядит так: мужчи́на немно́го за со́рок, роди́лся в прови́нции, но зако́нчил моско́вский вуз, причём техни́ческий, два́жды жена́тый, име́ет двои́х дете́й, живёт в основно́м за грани́цей, но все свои́ дела́ реша́ет в Москве́.

гордиться — to be proud
богатеть как на дрожжах — to get rich quick
исчисляться — to be estimated
зелёные — greenbacks
обобщённый образ — common image

Настоя́щей сенса́цией, одна́ко, ста́ло то, что в спи́сок «золото́й со́тни», причём на **почётное** 35-е **ме́сто**, была́ включена́ же́нщина.

почётное место — place of honour

В **НУЖНОЕ** ВРЕМЯ В НУЖНОМ МЕСТЕ

нужный — right

То, что Еле́на Бату́рина — челове́к состоя́тельный, не раз говори́л и её муж Ю́рий Лужко́в[1]. Одна́ко наско́лько состоя́тельный, до неда́внего вре́мени бы́ло непоня́тно никому́, да́же **проны́рливым** экспе́ртам «Фо́рбса». Да э́то и неудиви́тельно: жена́ столи́чного мэ́ра и её би́знес до неда́внего вре́мени остава́лись **в тени́**: ни публи́чных

пронырливый — pushy
в тени — in the shadows

[1] Mayor of Moscow since 1992.

выступле́ний, ни **развёрнутых** интервью́ Еле́ны Бату́риной найти́ невозмо́жно. Лишь **по крупи́цам** мо́жно восстанови́ть исто́рию жи́зни пе́рвой росси́йской же́нщины-миллиарде́ра.

развёрнутый — extensive
по крупицам — piecemeal

Еле́на Бату́рина из просто́й моско́вской рабо́чей семьи́: её оте́ц и мать всю жизнь труди́лись на заво́де «Фре́зер». Там же полтора́ го́да, до поступле́ния в Институ́т управле́ния, труди́лась и Еле́на. Зате́м не́которое вре́мя она́ рабо́тала гла́вным специали́стом коми́ссии **Мосгорисполко́ма** по кооперати́вной де́ятельности. И́менно здесь она́ познако́милась с Ю́рием Лужко́вым и в 1991 году́ в во́зрасте 27 лет (ему́ бы́ло 55) вы́шла за́муж. Сра́зу после заму́жества и в **промежу́тке** между рожде́нием двух дете́й госпожа́ мэ́рша ста́ла развива́ть со́бственный би́знес — она́ **возгла́вила** фи́рму «Инте́ко» и заняла́сь перерабо́ткой **пластма́ссы.**

Мосгорисполком — *abbr. of* Московский городской исполнительный комитет (Moscow City Council in soviet period)
промежуток — interval
возглавить — to be at the head
пластмасса — plastic

Су́дя по всему́, понача́лу произво́дство пластма́ссовых **та́зиков, воро́нок** и **однора́зовых рю́мок** не́ было доста́точно **при́быльным**, так же как и изготовле́ние **сиде́ний** для стадио́на «Лужники́».

тазик — tub
воронка — funnel
одноразовая рюмка — disposable wine glass
прибыльный — profitable
сидение — seat

Пра́вда, в печа́ть **проса́чивались** све́дения, что жена́ моско́вского мэ́ра купи́ла строи́тельную компа́нию, купи́ла заво́д по произво́дству **сгущённого молока́**, цеме́нтные заво́ды, приобрела́ недви́жимость в це́нтре Москвы́ и т. д. И то́лько неда́вно **та́йное** наконе́ц **ста́ло я́вным**: госпожа́ Бату́рина **при вы́пуске долговы́х облига́ций** «Инте́ко» опубликова́ла фина́нсовую **отчётность** свое́й компа́нии. Экспе́рты «Фо́рбса» тут же по свое́й мето́дике произвели́ необходи́мые матема́тико-экономи́ческие расчёты и оцени́ли **скро́мное** состоя́ние Еле́ны Бату́риной в 1,1 млрд. до́лларов.

просачиваться — to filter through
сгущённое молоко — condensed milk
тайное стало явным — the truth was revealed
при выпуске — on issuing
долговая облигация — debenture
отчётность — accounts
скромный — modest

КОММЕНТАРИЕВ НЕ ПОСЛЕДОВАЛО

Интере́сна и реа́кция **фигура́нтов** «Фо́рбса» на публика́цию об их состоя́нии. Не́которые, как, ска́жем, ви́це-президе́нт ЛУКО́ЙЛа Феду́н или экс-глава́ Газпро́ма Вя́хирев, **с возмуще́нием** заяви́ли, что их состоя́ние экспе́рты чрезвыча́йно **завы́сили** и на са́мом де́ле они́ гора́здо бедне́е. Други́е, пре́жде всего́ Бори́с Березо́вский, наоборо́т, счита́ют, что они́ гора́здо бога́че, а «Форбс» **наме́ренно** зани́зил разме́р их «де́нежного мешка́».

фигурант — personality who appeared on the pages of
с возмущением — indignantly
завысить — to exaggerate
намеренно — intentionally

Еле́на Бату́рина публика́цию в журна́ле ника́к не прокомменти́ровала.

Кста́ти сказа́ть, америка́нская ве́рсия «Фо́рбса» регуля́рно публику́ет отде́льный спи́сок миллиарде́рш. На сего́дняшний день их де́вять. Разме́р состоя́ния пе́рвой — 9,8 млрд. до́лларов, после́дней — 1 млрд. Э́то да́мы из США и Ю́жной Коре́и, Испа́нии и Ме́ксики, Герма́нии и Ита́лии в во́зрасте от 39 до 63 лет. Сфе́ры, где они́ зарабо́тали свой пе́рвый миллиа́рд, са́мые ра́зные — от мо́ды и диза́йна до недви́жимости и **изда́тельской** де́ятельности. Большинство́ из них состоя́ние **получи́ли по насле́дству**, но есть и таки́е, кто начина́л с нуля́. Есте́ственно, что никто́ из мировы́х миллиарде́рш не состоя́л и не состои́т в бра́ке с высокопоста́вленным **чино́вником**.

издательский — publishing
получить по наследству — to inherit
чиновник — official

Америка́нцы по каки́м-то свои́м причи́нам Еле́ну Бату́рину в э́тот спи́сок не включи́ли, так что есть над чем порабо́тать в дальне́йшем. А пока́ и Ю́рию Миха́йловичу, и **рядовы́м** россия́нам мо́жно про́сто пора́доваться, что состоя́ние пе́рвой росси́йской би́знес-ле́ди почти́ в два ра́за бо́льше состоя́ния англи́йской короле́вы.

рядовой — ordinary

(По материалам статьи А. Борисова — газета «Санкт-Петербургские ведомости» от 29.05.2004)

2 Выберите подходящее по смыслу слово.
Choose the right word.

1) Подсчитывать деньги в чужом кармане — занятие *дурного* / *дурацкого* тона.

2) Общий капитал *отцовских* / *отечественных* нуворишей составляет 110 миллиардов долларов.

3) Сенсацией стало то, что *отчётное* / *почётное* 35-место заняла женщина.

4) Она не даёт *развёрнутых* / *завёрнутых* интервью.

5) Её историю жизни можно восстановить лишь по *крупицам* / *крупе.*

6) До *вступления* / *поступления* в институт она работала на заводе.

7) *Изготовление* / *Приготовление* сидений для стадиона не было выгодным бизнесом.

8) Реакция *фигуристов* / *фигурантов* «Форбса» на публикацию об их состоянии весьма показательна.

3 **Разделите следующие слова на две группы: 1) слова, называющие богатого человека, и 2) слова, называющие бедного человека.**
Divide the following words into two groups: 1) words that can be used to describe a wealthy person and 2) words that can be used to describe a poor person.

богатый	малоимущий
состоятельный	богач
бедный	Рокфеллер
обеспеченный	денежный
имущий	неимущий
нищий	нувориш
миллиардер	денежный мешок
новый русский	миллионер
зажиточный	бедняк
безденежный	олигарх
попрошайка	разорённый

4 **Напишите выделенные сокращения в полной форме.**
Write the italicised contractions in full.

1) Состояние самой богатой женщины мира составляет почти 10 *млрд.* долларов.
2) Недвижимость этого бизнесмена оценивается в 5 *млн.* долларов.
3) Автомобиль стоил 20 *тыс.* евро.
4) Площадь земельного участка составляет 2 *га*.
5) Он снял офис площадью 100 *кв. м*.
6) Её рост — 170 *см*.
7) Зазор не должен быть больше 3 *мм*.
8) Груз весил 2 *т*.
9) Ёмкость бутылки — 1,5 *л*.
10) Масло продаётся в пачках весом 200 *г*.

5 **Напишите следующие числительные словами. Где возможно, дайте варианты, в том числе нейтральные и разговорные существительные.**
Write the following numerals in full, giving all possible forms (including neuter and colloquial nouns).

Образец: 100 → сто → сотня

5, 10, 12, 13, 20, 30, 1000, 1 000 000, 1 000 000 000

6 **Образуйте существительные от следующих словосочетаний. Придумайте предложения с существительными, которые вы образовали.**
Form nouns from the following phrases. Use the nouns you have just formed in sentences of your own.

Образец: десять лет → десятилетие

пять лет
восемь лет
двенадцать лет
пятнадцать лет
двадцать лет
двадцать три года
двадцать пять лет
сорок лет
пятьдесят лет
сто лет

7 **Составьте словосочетания из следующих слов. Где необходимо, употребите предлог. Придумайте предложения с этими словосочетаниями.**
Combine the following words into collocations. Use the appropriate preposition where necessary. Compose sentences with the collocations you have just formed.

1) обладатель / крупное состояние
2) комиссия / кооперативная деятельность
3) поступление / институт
4) завод / производство молока
5) выпуск / долговременные облигации

8 **Разделите следующие существительные на две группы: 1) название женщины по профессии / роду занятий и 2) название супруги по профессии / роду занятий супруга. Обратите внимание, что большинство из этих существительных имеет разговорный характер, а некоторые могут относиться к обеим группам. Придумайте предложения с существительными из обеих групп.**
Divide the following nouns into two groups: 1) nouns denoting women by their profession or occupation and 2) nouns denoting the wife of someone who has a profession / occupation. Note that most of these nouns are colloquial and some of them can belong to both groups. Use the nouns in sentences of your own.

миллиардерша
мэрша
губернаторша
генеральша
барменша
докторша
полковничиха
дворничиха
врачиха
поэтесса
клоунесса
продавщица
кладовщица
бизнесменша

9 **Употребите прилагательные и наречия, данные в скобках, в сравнительной степени.**
Use the adjectives and adverbs given in brackets in the comparative form.

Образец: Она ___________ (*богатый*) английской королевы.
→ Она *богаче* английской королевы.

1) Оказалось, что он гораздо ___________ (бедный), чем все думали.
2) Вопрос следует поставить ___________ (узкий), чем это сделано.
3) Список стал ___________ (короткий), чем ___________ (рано).
4) Эта проблема будет обсуждаться ___________ (поздно).
5) Заработать деньги стало ___________ (просто) и ___________ (легко).
6) Он работает не ___________ (плохо) и не ___________ (хорошо), чем другие.
7) Заниматься этим делом ___________ (увлекательно), чем я думал.
8) Эта тема мне ___________ (близкий), чем все другие.
9) Главный офис компании находится теперь ___________ (далеко).
10) Совещание продолжалось ___________ (долго), чем было запланировано.

10 **Замените форму превосходной степени прилагательных со словом *самый* альтернативной формой с суффиксами *-айш-* / *-ейш-*. Употребите эти прилагательные в правильной грамматической форме.**
Replace the superlative forms of adjectives containing the word *самый* with their alternative forms (with the suffixes *-айш-* / *-ейш-*). Use them in the correct grammatical form.

Образец: Она обладатель *самого крупного* состояния в стране.
→ Она обладатель *крупнейшего* состояния в стране.

1) Журнал «Форбс» занимается оценкой капиталов *самых богатых* людей мира.
2) Даже у *самого бедного* человека есть достоинство.
3) Для некоторых людей считать чужие деньги — *самое увлекательное* занятие.
4) Он был одним из *самых ярких* представителей своего времени.
5) Журнал опубликовал список *самых состоятельных* людей в стране.
6) По *самым скромным* подсчётам, её состояние составляет 1 млрд. долларов.
7) Он был известен своими *самыми широкими* знаниями в сфере бизнеса.
8) Несколько лет назад произошёл *самый глубокий* экономический кризис.

11 **Обратите внимание на употребление прилагательных среднего рода единственного числа для обозначения общих понятий. Употребите слова, данные в скобках, в таком значении и в правильной грамматической форме.**
Note that neuter singular adjectives are often used in Russian to convey some general notion. Use the adjectives in brackets in this meaning and in the correct grammatical form.

Образец: ___________ (*тайный*) всегда становится ___________ (*явный*).

→ *Тайное* всегда становится *явным*.

1) ___________ (*лучший*) — враг ___________ (*хороший*).

2) В ___________ (*дальнейший*) она приобрела несколько промышленных предприятий.

3) Нельзя брать ___________ (*чужой*).

4) Они не поняли ___________ (*главный*).

5) В этой публикации нет ничего ___________ (*новый*).

12 Дополните следующую таблицу. Первая строчка дана как пример.

Fill in the following table. The first line is given as an example.

Мужчина	Женщина
Он женился.	*Она вышла замуж.*
1)	1) Она замужем.
2) Он женат на однокурснице.	2)
3)	3) Её замужество было удачным.
4) Он холост.	4)
5)	5) Она разведена.
6) Он вдовец.	6)

13 Вставьте подходящий по смыслу глагол в правильной форме.

Insert the appropriate verb in the correct form.

считать / сосчитать / считаться; насчитать / насчитывать / насчитываться; пересчитать / пересчитывать; высчитать / высчитывать; досчитать / досчитывать; подсчитать / подсчитывать; обсчитать / обсчитывать; засчитать / засчитывать

1) Бухгалтерия ежемесячно ___________ из зарплаты сотрудников подоходный налог.

2) После дефолта многие предприятия вынуждены были ___________ убытки.

3) В России в настоящее время ___________ около 40 миллиардеров.

4) Дурной тон — ___________ деньги в чужом кармане.

5) Я много раз ___________________ деньги, но ста рублей не хватало. Наверное, меня ___________ в магазине.

6) Билл Гейтс ___________ самым богатым человеком в мире.

7) Фирма по продаже автомобилей при покупке вами новой машины ___________ стоимость старой.

8) Говорят, что надо ___________ овец, если не можешь уснуть.

9) Я пытался ___________ количество сотрудников в офисе и ___________ 20 человек.

10) Ребёнок ___________________ до пятнадцати и замолчал, потому что он ещё плохо ___________________.

14 Вставьте подходящее по смыслу относительное местоимение.
Insert the appropriate relative pronoun.

Образец: Нам есть ______ гордиться.
→ Нам есть *чем* гордиться.

1) Ему есть над ______ поработать.
2) Ей есть ______ радоваться.
3) Мне есть с ______ посоветоваться.
4) Ей есть о _____ думать.
5) Им есть от ______ получать письма.
6) Вам есть к ______ стремиться.
7) Тебе есть на ______ жить.
8) Мне есть ______ заниматься.
9) Им есть ______ терять.
10) Ему есть к ______ обратиться за помощью.

15 Переведите следующие предложения на английский язык.
Translate the following sentences into English.

1) Журнал «Форбс» многие годы занимается оценкой капиталов самых богатых людей мира.

2) Семь лет назад впервые появилась русская версия журнала «Форбс», которая занимается подсчётом капиталов самых богатых россиян.

3) По оценкам журнала, начиная с 1977 года количество российских миллиардеров увеличилось с 4 до 36.

4) Общий капитал российских олигархов равен четверти ВВП России.

5) Большинство российских нуворишей — это образованные женатые мужчины средних лет.

6) С некоторым удивлением россияне обнаружили, что 35-е место в «золотой сотне» занимает женщина.

7) Елене Батуриной повезло оказаться в нужное время в нужном месте.

8) Её биографию было трудно проследить, поскольку до недавнего времени она не давала развёрнутых интервью.

9) Первоначально супруга мэра управляла фирмой, которая занималась производством пластмассы.

10) Большинство западных миллиардерш своё состояние получили по наследству, хотя есть и такие, кто начинал с нуля.

16 **Существует ли версия журнала «Форбс» в вашей стране? Кто входит в первую пятёрку самых богатых людей вашей страны? Чем они занимаются? Как они достигли богатства?**
Is there an equivalent of *Forbes* magazine in your country? Who does it say are the five richest people there at present? What do they do? In what field did they make their money?

TEXT 10 • ТЕКСТ 10

1 **Прочитайте следующий текст и отметьте, какие утверждения соответствуют его содержанию, а какие — нет.**
Read the text and indicate which of the following statements are true and which are false.

	Да	Нет
1) В конце года люди тратят больше денег.		
2) В следующем году целесообразны краткосрочные долларовые вложения.		
3) Денежные накопления следует держать в разных валютах.		
4) В конце года автомобили обычно дорожают.		
5) Имеет смысл вкладывать деньги в акции надёжных компаний.		
6) Наиболее застрахованы от рисков капиталовложения в произведения русской классической живописи.		
7) Перспективны капиталовложения в современную живопись, не являющуюся антиквариатом.		
8) По мнению экспертов, инвестирование в нумизматику не принесёт выгоды.		

КУДА ВЛОЖИТЬ ДЕНЬГИ

Коне́ц го́да — э́то удиви́тельное вре́мя, когда́ трина́дцатая зарпла́та[1], **премиа́льные**, накопле́ния на счета́х, **зана́чки** под матра́цем и ежего́дные три́ста рубле́й от ба́бушки **совпада́ют** с **жа́ждой** и необходи́мостью **больши́х трат**. И пока́ магази́ны предлага́ют **отда́ться** уника́льной преднового́дней **распрода́же**, мы расска́жем, куда́ сейча́с вложи́ть де́ньги так, что́бы они́ корми́ли вас весь сле́дующий год.

премиальные — bonuses
заначка — stash
совпадать — to coincide
жажда больших трат — spending fever
отдаться — to succumb
распродажа — clearance sale

ДОЛЛАР НЕ ДЕРЖИТСЯ

не держаться — to be weakening

В сле́дующем году́, по **завере́ниям** анали́тиков, рубль сохрани́тся в прекра́сной фо́рме. А вот до́ллар мо́жет продо́лжить своё паде́ние.

заверение — assertion

— Э́то свя́зано с **платёжным бала́нсом** США, — комменти́рует экономи́ст Алекса́ндр Бара́нов. — Е́сли де́нежные вла́сти Аме́рики продо́лжат поли́тику сла́бого до́ллара, а де́нежные вла́сти Евро́пы не бу́дут им в э́том меша́ть, то америка́нская валю́та и да́льше бу́дет слабе́ть по отноше́нию к е́вро и зо́лоту. Поэ́тому вкла́дывать в до́ллары сро́ком на 3–5 ме́сяцев, ду́маю, не сто́ит. Они́ подхо́дят для бо́лее долгосро́чных инвести́ций. На коро́ткий срок бо́лее эффекти́вны рубли́.

платёжный баланс — balance of payments

По оце́нкам анали́тиков, е́вро в бу́дущем году́ мо́жет вы́расти на 8 проце́нтов. Но так как от сюрпри́зов эконо́мики **застрахова́ться** невозмо́жно вообще́, экспе́рты МДМ-ба́нка сове́туют разложи́ть накопле́ния на три «валю́тные» ча́сти — рубли́, е́вро и до́ллары. Те́хнику э́ту уже́ давно́ испо́льзует Центроба́нк.

застраховаться — to insure oneself

НЕ **УПУСТИТЕ СКИДОК!**

упустить — to miss
скидка — discount

По слова́м анали́тика Объединённой фина́нсовой гру́ппы (ОФГ) Еле́ны Сахно́вой, в конце́ го́да вы́годно покупа́ть маши́ну.

— Что́бы получи́ть ски́дки у **поставщико́в** на но́вую **па́ртию** автомоби́лей, ди́леры должны́ распрода́ть пре́жнюю. Поэ́тому они́ вы́нуждены продава́ть маши́ны с серьёзными ски́дками. Что, **со́бственно**, сейча́с и происхо́дит.

поставщик — supplier
партия — consignment
собственно — precisely

[1] End-of-year bonus.

По прогно́зам ОФГ, в 2005 году́ на 8–9 проце́нтов подорожа́ют оте́чественные авто́. Да́льше **вряд ли** уда́стся подня́ться — **спро́са** не бу́дет. До 10 проце́нтов вы́растут в цене́ и **инома́рки**, потому́ что про́чно **завя́заны** на курс е́вро.

вряд ли — hardly
спрос — demand
иномарка — foreign make
быть завязанным — to be tied

ГАЗ И СВЯЗЬ

В ка́честве са́мых надёжных компа́ний, в а́кции кото́рых рекоменду́ется инвести́ровать свои́ сбереже́ния, по-пре́жнему называ́ют ЛУКО́ЙЛ и Газпро́м.

— Вряд ли в конце́ го́да в э́том се́кторе произойдёт что́-то ва́жное, — говори́т **управля́ющий** акти́вами «Ато́н-ме́неджмент» Алексе́й Бе́лкин. — Что каса́ется тех компа́ний, а́кции кото́рых бо́лее **подви́жны**, но в це́лом надёжны и при́быльны, могу́ назва́ть всех представи́телей региона́льных телекоммуника́ций, в том числе́ опера́торов **со́товой свя́зи**. Та́кже усто́йчивы «Северста́ль», Новоли́пецкий **комбина́т**, не́которые кру́пные компа́нии. Из после́дних **размеще́ний** могу́ назва́ть «Седьмо́й контине́нт»: его́ бума́ги не принесу́т сверхдохо́дов, но бу́дут та́кже малориско́ванными.

в качестве — as
управляющий — manager
подвижный — fluctuating
сотовая связь — mobile network
комбинат — complex
размещение — investment

ИЩИТЕ ФОТОГРАФИИ ЦАРСКОЙ СЕМЬИ

Из всех спо́собов капита́ловложе́ний ры́нку эксклюзи́вного **старья́** предска́зывают наибо́льшую стаби́льность. Что бы ни случи́лось с до́лларом и зо́лотом, сто́лики Людо́виков[2] бу́дут неизме́нно дорожа́ть. Однако не́которые «мо́дные» **направле́ния** на бу́дущий год специали́сты **наме́тили** и здесь.

— Наприме́р, постоя́нно растёт спрос на ру́сскую класси́ческую жи́вопись, — говори́т экспе́рт аукцио́нного до́ма «Го́лос» Серге́й Короне́вский. — Э́то вдвойне́ **справедли́во** для вну́треннего ры́нка: ведь иску́сство всегда́ наибо́лее **востре́бовано** в той стране́, где нахо́дятся его́ **ко́рни**. Обрати́те внима́ние на жи́вопись немно́гим моло́же 50 лет. Сейча́с она́ отно́сится не к са́мой дорогосто́ящей катего́рии, но у неё име́ется не́сколько преиму́ществ. Так как э́ти произведе́ния не явля́ются антиквариа́том, их разрешено́ вывози́ть из страны́. Э́то ва́жно не то́лько для иностра́нцев, но и для на́ших сооте́чественников, сво-

старьё — junk
направление — trend
наметить — to map out
справедливый — applicable
востребованный — in demand
корень — root

---

[1] French kings (eg Louis Quinze).

бо́дно перемеща́ющихся по всему́ ми́ру, занима́ющихся междунаро́дным би́знесом. При э́том цена́ на э́ти предме́ты стреми́тельно растёт с тече́нием вре́мени.

Кро́ме того́, экспе́рты сове́туют вкла́дывать де́ньги в ве́щи, свя́занные с истори́ческими ли́чностями и́ли собы́тиями, — наприме́р, в фотогра́фии **осо́б** ру́сской императорской семьи́. Удо́бным и вы́годным та́кже бу́дет инвести́рование в нумизма́тику.

особа — member

(По материалам газеты «Комсомольская правда» от 26.11.2004)

2 **От следующих существительных образуйте однокоренные названия человека по профессии или роду занятий.**
Form nouns to denote people according to their profession or occupation from the following list of words.

Образец: аналитика → аналитик

политика
экономика
бизнес
бухгалтерия
промышленность
производство

менеджмент
поставка
антиквариат
нумизматика
фотография
живопись

3 **От каких существительных образованы следующие прилагательные?**
From what nouns are the following adjectives formed?

премиальные
платёжный
валютный
прибыльный

региональный
рискованный
аукционный
выгодный

4 **Выберите подходящее по смыслу слово.**
Choose the right word.

1) На счёте имеются значительные *скопления / накопительство / накопления.*

2) По *заверениям / уверенности / доверенности* аналитиков, рубль сохранится в прекрасной форме.

3) Падение курса доллара связано с *платным / платёжным / оплаченным* балансом.

4) Стране нужны *долговечные / долгоиграющие / долгосрочные* инвестиции.

5 Дополните следующую таблицу.
Complete the following table.

Глагол	Существительное
1) тратить / истратить	
2)	распродажа
3) падать / упасть	
4)	сбережения
5) слабеть / ослабеть	
6)	инвестиции
7)	фотография
8) советовать / посоветовать	
9) вкладывать / вложить	
10)	прогноз
11) вывозить / вывезти	

6 Составьте словосочетания из следующих слов. Где необходимо, употребите предлог. Придумайте предложения с составленными вами словосочетаниями.
Form collocations with the following words. Use a preposition where necessary. Compose sentences using the collocations you have just formed.

1) накопления / банковский счёт
2) скидки / отечественные автомобили
3) управляющий / банковские активы
4) спрос / классическая живопись
5) цена / редкий антиквариат

7 Употребите слова, данные в скобках, в правильной грамматической форме. Где необходимо, употребите предлоги.
Put the words in brackets in the correct grammatical form, using prepositions where necessary.

1) совпадать (насущная необходимость, общепринятое мнение, экспертные оценки)
2) мешать (денежные власти, плодотворное развитие, возможный прогресс)
3) застраховаться (все сюрпризы, ежегодная инфляция, неизбежные потери)
4) заниматься (международный бизнес, брокерская деятельность, выгодное инвестирование)
5) инвестировать (нумизматика, российская экономика, нефтяная промышленность)

8 **Дополните следующие предложения, употребив антонимы выделенных лексических единиц. Необходимые антонимы можно найти в тексте.**
Complete the following text by inserting antonyms of the italicised words. You can find all these antonyms in the text.

1) Курс доллара продолжит не *рост*, а ______________________________.

2) Власти проводят политику не *сильного*, а ______________________________ доллара.

3) Американская валюта подходит не для *краткосрочных*, а для ________________ инвестиций.

4) Евро не *упадёт*, а ____________________________ на 8 процентов.

5) Машины продавали не с *надбавками*, а со ______________________________.

6) Отечественные автомобили не *подешевеют*, а ________________________________.

7) Акции этой компании не *убыточные*, а ______________________________.

8) Надёжны не *мелкие*, а ____________________________ компании.

9) От такой политики пострадает не *внешний*, а ____________________________ рынок.

10) Инвестиции в современную живопись имеют не только *недостатки*, но и ________ ______________________________.

9 **Напишите по-русски сокращённые (где это возможно) и полные эквиваленты следующих английских аббревиатур.**
Give abbreviated (where it is possible) and full Russian equivalents of the following acronyms.

USA ____
UK ____
IMF ____
CIS ____
EU ____
UN ____
WTO ____
CIA ____
FBI ____
FSS ____

10 **Перефразируйте следующие предложения, употребив в них вводные выражения с предлогом *по*.**
Rephrase the following sentences so that they contain parentheses beginning with the preposition *по*.

Образец: *Как заверяют аналитики*, рубль сохранится в прекрасной форме.
→ *По заверениям аналитиков*, рубль сохранится в прекрасной форме.

1) Как оценивают эксперты, инфляция не превысит 12 %.

2) Как считают экономисты, деньги следует вкладывать в нумизматику.

3) Как говорит автор, антиквариат всегда в цене.

4) Как прогнозируют специалисты, доллар продолжит своё падение.

5) Как рассчитывают аналитики, курс евро по отношению к доллару возрастёт.

11 Употребите подходящий по смыслу глагол в правильной грамматической форме.
Use the correct verb in the right form.

класть / положить; вкладывать / вложить; выкладывать / выложить; прикладывать / приложить; закладывать / заложить; докладывать / доложить; укладывать / уложить; откладывать / отложить; накладывать / наложить; подкладывать / подложить; прокладывать / проложить; предлагать / предложить

1) Некоторые люди считают выгодным ___________ деньги в нумизматику и антиквариат.

2) Строительство новой станции метро решили ___________ до следующего года.

3) На вчерашнем собрании управляющий активами ___________ о состоянии дел в компании.

4) Чтобы получить кредит, нам пришлось ___________ свою квартиру.

5) Он ___________ весь свой ум и талант, чтобы довести проект до конца.

6) Строителям пришлось вырубить большой участок леса, чтобы ___________ железную дорогу.

7) Мне осталось только ___________ вещи и сделать несколько телефонных звонков.

8) Чтобы избежать финансовых потерь, экономисты ___________ держать свои накопления в евро.

9) Она ___________ все вещи из сумки, но кошелька там не оказалось.

10) Инспектор ___________ штраф на автомобилиста, нарушившего правила дорожного движения.

11) Мне посоветовали ___________ деньги в коммерческий банк.

12) Чтобы не испортить новый стол, мы ___________ под скатерть клеёнку.

12 Восстановите следующий текст.
Restore the following text.

Судьба американской валюты зависит от решения производителей нефти. По данн_______ Банка междунаро_______ резервов, страны ОПЕК в течен_______ последних тр______ лет стремят______ к сокращению сво______ долларовых актив______. Цены на неф______ с 2001 го______ выросли на 85 %, доллар______ счета стра______ ОПЕК сократил______ на 4 % — до 61,5 %. Интерес «нефтя______» стран вызыв______ евро и англий______ фунты. Банк Росс______ тоже мож______ пересмотреть структ______ своих золотовалют______ резервов — об эт______ сообщил председат______ ЦБ Сергей Игнатьев. Пока что доля доллара составляет 70 %, но в связи с падением американской валюты на мировых рынках она, вероятно, будет сокращаться.

13 Переведите следующие предложения на русский язык.
Translate the following sentences into Russian.

1) At the end of the year factory workers usually receive good bonuses.

2) New Year sales have become common in most shops.

3) Analysts forecast that the dollar will continue its decline next year, unlike the rouble which will become stronger.

4) Nowadays people try not to miss bargains in the summer sales.

5) Large discounts on new cars are generally available in England at the end of August.

6) Foreign makes tend to be more popular in Russia than cars manufactured on the domestic market.

7) Prices can vary considerably from country to country depending on the exchange rate in force on a given day.

8) Telecommunication shares, despite shifts in prices, generally remain secure and yield a good profit.

9) Experts advise that the antiques market promises best yields in the future.

10) Whatever the changes in gold and dollar values, classical art will always be priced highly.

14 Как Сергей Короневский оценивает рынок российского искусства?
How does Sergei Koronevsky evaluate Russian art in various markets?

15 Представьте себе, что вы финансовый эксперт. Дайте свои рекомендации, как уберечься от инфляции и куда выгоднее вложить сбережения.
Give your recommendations as a financial expert on where to invest money and how to safeguard against inflation.

TEXT 11 • ТЕКСТ 11

1 **Прочитайте следующий текст и отметьте, какие из нижеприведённых утверждений соответствуют его содержанию, а какие — нет.**
Read the text and indicate which of the following statements are true and which are false.

	Да	Нет
1) Каждый год в России продаётся около 250 предприятий.		
2) Неизвестно, существовала ли ферма по выращиванию обезьян.		
3) Агрохолдинг в Саратовской области оказался самым политкорректным предложением.		
4) Самый оригинальный бутик в Москве купила фирма, осваивающая торговлю оптом.		
5) Самый отдалённый от России бизнес, выставленный на продажу, находится в Новой Зеландии.		
6) Фирма, разработавшая технологию «Объёмное видео», может стать самой доходной.		
7) Быстрее всего была продана фирма, занимающаяся производством канцелярских товаров.		
8) В России существует только одно издательство комиксов.		
9) Московские химчистки приобретают одноразовые металлические плечики в разных компаниях.		
10) Типовые бизнесы интересуют инвесторов больше, чем бизнесы уникальные.		

ПРОДАЮТСЯ ЧУЖИЕ ИДЕИ

В Росси́и ежеме́сячно выставля́ется на прода́жу бо́лее 250 предприя́тий. Не́которые из них постро́ены на осно́ве весьма́ оригина́льных би́знес-иде́й, ***необы́чность*** *други́х свя́зана с исто́рией их прода́жи.*

необычность — originality

Са́мое экзоти́ческое предложе́ние — фе́рма по **выра́щиванию** обезья́н для прода́жи их в рестора́ны, специализи́рующиеся на экзоти́ческой ку́хне. Э́то предложе́ние поступи́ло в на́шу **ба́зу да́нных** в конце́ 2002 го́да, бы́ло ука́зано, что би́знес располо́жен на Украи́не (Жито́мирская о́бласть). Возмо́жно, что э́то была́ чья́-то шу́тка, но би́знес был опи́сан о́чень подро́бно, ука́заны фина́нсовые показа́тели компа́нии. Да́же е́сли тако́й фе́рмы никогда́ не существова́ло, то на осно́ве содержа́щихся в **зая́вке** да́нных её мо́жно бы́ло бы созда́ть.

выращивание — breeding

база данных — data base

заявка — application

Са́мое политкорре́ктное предложе́ние — кру́пный агрохо́лдинг в Сара́товской о́бласти, це́лью кото́рого явля́ется созда́ние по́лного ци́кла произво́дства мясно́й проду́кции «Халя́ль», произведённой в соотве́тствии с мусульма́нскими тради́циями — от выра́щивания **сельхозпроду́кции** и её перерабо́тки до прода́жи гото́вого проду́кта. Предприя́тие бы́ло вы́ставлено на прода́жу ле́том 2003 го́да и оценено́ в 1500 тыс. до́лларов. В настоя́щий моме́нт его́ прода́жа продолжа́ется — сельскохозя́йственные компа́нии по́льзуются ограни́ченным спро́сом.

сельхозпродукция — *abbr. of* сельскохозяйственная продукция (agricultural products)

Са́мый удиви́тельный бути́к — неда́вно про́данный магази́н, располо́женный в райо́не Садо́вого кольца́ в Москве́ и явля́ющийся росси́йским ана́логом пари́жского «Колле́т». Сто́имость би́знеса соста́вила 150 тыс. до́лларов. Интере́сно, что **первонача́льно** предложе́ние предполага́лось **позициони́ровать** как «игру́шку для жены́ банки́ра», но в ито́ге была́ выбрана страте́гия, ориенти́рованная на компа́нии, рабо́тающие на ры́нке мо́дной оде́жды. Спустя́ две неде́ли после нача́ла прода́жи бути́к смени́л со́бственника: приобрета́телем вы́ступила кру́пная **опто́вая** торго́вая фи́рма, реши́вшая осва́ивать ро́зницу.

первоначально — originally

позиционировать — to designate

оптовый — wholesale

Са́мый отдалённый от Росси́и би́знес — компа́ния, занима́ющаяся изготовле́нием и прода́жей очко́в, кото́рая располо́жена в Си́днее. В после́днее вре́мя появля́ется всё бо́льше предложе́ний о прода́же би́знеса, находя́щегося **за преде́лами** Росси́и. Ди́лерами явля́ются таки́е стра́ны, как Че́хия и США. Как пра́вило, приобрета́телями э́тих фирм явля́ются на́ши сооте́чественники, уста́вшие от жи́зни в Росси́и и реши́вшие уе́хать за рубе́ж.

за пределами — beyond the borders

Предложе́ние с са́мой высо́кой **дохо́дностью**: в нача́ле 2003 го́да на прода́жу была́ вы́ставлена сара́товская фи́рма, разрабо́тавшая техноло́гию «**Объёмное** ви́део». Со́бственник компа́нии утвержда́л, что вложе́ние средств в её поку́пку обеспе́чит инве́стору дохо́дность в разме́ре 1500 проце́нтов годовы́х в валю́те. Сто́имость би́знеса составля́ла 750 тыс. до́лларов. В настоя́щий моме́нт компа́ния близка́ к прода́же — веду́тся перегово́ры с не́сколькими потенциа́льными инве́сторами.

доходность — profitability

объёмный — 3-dimensional

Са́мая бы́страя прода́жа: в нача́ле 2003 го́да за 12 рабо́чих дней бы́ло про́дано **конди́терское** произво́дство в Москве́. Покупа́телем вы́ступил топ-ме́неджер IT-компа́нии, реши́вший приобрести́ со́бственный би́знес. Сейча́с но́вый со́бственник плани́рует расшире́ние произво́дства за счёт поку́пки не́скольких други́х производи́телей то́ртов.

кондитерский — confectionery

Би́знес **разме́ром в** о́трасль — еди́нственное в Росси́и изда́тельство арт-ко́миксов. Да́нная проду́кция занима́ет 30 проце́нтов европе́йского кни́жного ры́нка, но в Росси́и она́ то́лько начала́ распространя́ться. Компа́ния име́ет эксклюзи́вные права́ на изда́ние францу́зских и япо́нских ко́миксов (ма́нга), пыта́ется вы́вести на ры́нок ка́чественные ко́миксы росси́йских худо́жников. Свое́й це́лью компа́ния деклари́рует формирова́ние культу́ры ко́миксов в Росси́и, гото́вится к вы́пуску оте́чественных ко́миксов. Одни́м из инструме́нтов э́того ста́нут мультфи́льмы, кото́рые вско́ре начну́т выходи́ть на кана́ле MTV. Предполага́ется, что они́ смо́гут показа́ть, что ко́миксы — э́то ве́село, краси́во и интере́сно. Сто́имость би́знеса составля́ет 700 тыс. до́лларов, прода́жа была́ начата́ то́лько в конце́ 2003 го́да. Интере́сно, что хозя́ин изда́тельства специализи́руется и́менно на вы́боре интере́сной иде́и, её **раскру́тке** и после́дующей прода́же. Оди́н из его́ прое́ктов — сеть магази́нов мо́дной оде́жды «Мо́рган» в Росси́и. Тепе́рь он хо́чет прове́рить свой «**нюх** на иде́и» в сфе́ре книгоизда́ния.

размером в — big as

раскрутка — popularisation

нюх — flair

Са́мый специализи́рованный би́знес — компа́ния, занима́ющаяся произво́дством однора́зовых металли́ческих **пле́чиков** для **химчи́сток**. Предприя́тие бы́ло вы́ставлено на прода́жу в нача́ле 2003 го́да. При сто́имости в 170 тыс. до́лларов фи́рма прино́сит со́бственнику 5 тыс. до́лларов в ме́сяц. В своё вре́мя со́бственники компа́нии смогли́ проанализи́ровать ры́нок, закупи́ли италья́нское **обору́дование** и сейча́с явля́ются еди́нственным **поставщико́м** большинства́ моско́вских химчи́сток.

плечики — hangers
химчистка — dry-cleaner's
оборудование — equipment
поставщик — supplier

Сто́ит отме́тить, что уника́лен ка́ждый би́знес. При э́том заме́тна **закономе́рность** — чем необы́чнее би́знес, тем сложне́е его́ прода́ть. Инве́сторы предпочита́ют типовы́е прое́кты, кото́рые воспринима́ются как бо́лее поня́тные, просты́е в управле́нии, свя́занные с ме́ньшими ри́сками. Тем не ме́нее иде́и на ры́нке гото́вого би́знеса **це́нятся** доста́точно высоко́.

закономерность — rule
цениться — to be valued

(По материалам журнала Top-Manager, январь 2004)

2 Восстановите пропущенные буквы в следующих словах.
Restore the missing letters in the following words.

1) е_емес_ч_о
2) _ео_ыч_ос_ь
3) пр_дло_ен_е
4) _ра_иц_я
5) с_ои_ос_ь
6) с_бс_вен_ик
7) _зг_тов_е_ие
8) со_те_ес_в_нн_к
9) те_но_о_ия
10) х_мч_ст_а

3 Выберите подходящее по смыслу слово.
Choose the right word.

1) В России *представляются* / *выставляются* на продажу сотни предприятий.

2) Можно создать фирму на основе содержащихся в *заявке* / *заявлении* данных.

3) Крупная *оптовая* / *оптическая* торговая фирма решила осваивать *разницу* / *розницу*.

4) Компания, занимающаяся *изготовлением* / *приготовлением* очков, расположена в Австралии.

5) Появляется много предложений о продаже бизнеса, расположенного за *переделами* / *пределами* России.

6) Вложение средств в покупку компании обеспечит инвестору высокую *доходность* / *доходчивость*.

7) Один из его проектов — *сеть* / *сетка* магазинов «Морган» в России.

8) Компания изготавливает металлические *плечи* / *плечики* для химчисток.

4 **Выберите подходящий по смыслу глагол движения.**
Choose the correct verb of motion.

1) Продажа сельскохозяйственного предприятия *ведёт* / *идёт* / *везёт* медленно.

2) В настоящий момент *ведутся* / *везутся* / *несутся* переговоры о продаже компании с несколькими потенциальными инвесторами.

3) Компания пытается *вынести* / *вывести* / *вывезти* на рынок качественные комиксы российских художников.

4) Эти мультфильмы вскоре начнут *выезжать* / *выползать* / *выходить* на канале MTV.

5) Фирма *привозит* / *приносит* / *приводит* собственнику 5 тыс. долларов в месяц.

5 **В следующих предложениях найдите лишние слова, не соответствующие контексту.**
Find the words and phrases which do not fit into the context of the following sentences.

1) Это была весьма оригинальная деловая бизнес-идея.

2) Такое предложение поступило в туристическую базу данных в конце года.

3) Мясная продукция производится, произносится и пропускается в соответствии с мусульманскими традициями.

4) Первоклассно и первоначально этот бутик предполагалось позиционировать как «игрушку для жён банкиров и банкоматов».

5) В последнее время появляются предложения о продаже бизнеса, раскинувшегося и находящегося за ограждениями и за пределами России.

6) Новый собственник планирует усыновление и расширение производства.

7) Компания имеет эксклюзивные и экскурсионные права на издание французских и японских комиксов.

8) Своей целью компания декларирует и девальвирует формирование культуры комиксов в России.

9) Хозяин издательства хочет проверить и обследовать свой нюх и обоняние на идеи в сфере книгоиздания.

10) Компания занимается производством одноразовых металлических лопаток и плечиков для химчисток.

6 **Какие иностранные заимствования употреблены в тексте вместо выделенных слов и выражений?**
What foreign loan words and phrases are used in the text instead of the italicised expressions?

1) Целью крупного *сельскохозяйственного предприятия* в Саратовской области является создание полного цикла производства мясной продукции.

2) Самый уникальный *магазин модных дорогих товаров* расположен в районе Садового кольца в Москве.

3) *Участниками сделки* являются такие страны, как Чехия и США.

4) Вложение средств в покупку компании обеспечит *вкладчику* большую доходность.

5) Покупателем выступил *руководитель высшего звена* одной компании, решивший приобрести собственный бизнес.

6) Компания имеет *исключительные* права на издание французских и японских комиксов.

7 Употребите слова, данные в скобках, в правильной грамматической форме. Где необходимо, употребите предлоги.
Put the words in brackets into the correct grammatical form. Use prepositions where necessary.

1) специализироваться (экзотическая кухня, сельскохозяйственное производство, оптовая торговля)

2) создавать (высококачественная продукция, новая фирма, торговая марка)

3) пользоваться (ограниченный спрос, большие возможности, необыкновенная популярность)

4) ориентироваться (широкая публика, возросшие запросы, продвинутая молодёжь)

5) готовиться (предстоящая продажа, сегодняшний приём, большие перемены)

8 Составьте словосочетания из следующих слов. Где необходимо, употребите предлог.
Compose collocations from the following words and phrases. Use prepositions where necessary.

1) ферма / выращивание обезьян

2) база / данные

3) игрушка / жена банкира

4) предложение / продажа бутика

5) эксклюзивные права / издание комиксов

6) нюх / перспективные идеи

9 Напишите следующие сложносокращённые слова полностью.
Write the following contracted words in full.

политкорректность
агрохолдинг
сельхозпродукция
мультфильм
книгоиздание
химчистка

10 **В следующих предложениях замените выделенные выражения времени на наречия с префиксоидом *еже-*.**
In the following sentences replace the italicised time expressions with adverbs containing the morpheme *еже-*.

***Образец*:** В России *каждый месяц* выставляется на продажу более 250 предприятий.
→ В России *ежемесячно* выставляется на продажу более 250 предприятий.

1) Мобильный телефон звонил буквально *каждую секунду*.
2) Кто-то заглядывал в офис *каждую минуту*.
3) Новые бизнес-идеи появлялись у него *каждый час*.
4) Торги на бирже проходят практически *каждый день*.
5) Новые комиксы выходят *каждую неделю*.
6) Отчёт необходимо составлять *каждый квартал*.
7) Ярмарка новых товаров организуется *каждый год*.

11 **Дополните следующие предложения, употребив в них прилагательные и наречия, данные в скобках, в сравнительной степени.**
Complete the following sentences by putting the adjectives and adverbs in brackets in the comparative form.

***Образец*:** Чем ___________ (необычный) бизнес, тем ___________ (сложный) его продать.
→ Чем *необычнее* бизнес, тем *сложнее* его продать.

1) Чем ___________ (экзотичный) предложение, тем ___________ (интересно).
2) Чем ___________ (подробный) описание бизнеса, тем ___________ (легко) потенциальному покупателю его оценить.
3) Чем ___________ (высокий) финансовые показатели компании, тем она ___________ (дорогой).
4) Чем ___________ (низкий) спрос, тем ___________ (дешёво) можно купить компанию.
5) Чем ___________ (отдалённый) от России бизнес, тем он ___________ (привлекательный) для некоторых инвесторов.

12 **Дополните выделенные глаголы, дописав частицу *-ся / -сь*, где это необходимо.**
Add the particle *-ся / -сь* to the italicised verbs where necessary.

1) Ежемесячно в России *выставляет*______ на продажу более 250 предприятий.
2) Ресторан *специализирует*______ на экзотической кухне.

3) Такое предложение *поступило*______ в конце года.

4) Компания *пользовала*______ зарегистрированной торговой маркой.

5) В настоящее время продажа предприятия *продолжает*______.

6) Стоимость бизнеса *составила*______ несколько тысяч долларов.

7) Крупная оптовая торговая фирма решила *начать*______ осваивать розницу.

8) В настоящий момент компания близка к продаже — *ведут*______ переговоры с несколькими потенциальными инвесторами.

9) Данная продукция в России только начала *распространять*______.

10) Компания *готовит*______ к выпуску отечественных комиксов.

13 Напишите выделенные числительные словами.
Write the italicised numerals in full.

1) В России ежемесячно выставляется на продажу более *250* предприятий.

2) Это предложение поступило в базу данных в конце *2002* года.

3) Предприятие было выставлено на продажу летом *2003* года и оценено в *1 500 000* долларов.

4) Вложение средств в покупку компании обеспечит инвестору доходность в размере *1500* процентов годовых в валюте.

5) Стоимость бизнеса составила около *750 000* долларов.

6) Данная продукция занимает около *30* процентов европейского книжного рынка.

7) Стоимость бизнеса составляет более *840 000* долларов.

8) При стоимости около *170 000* долларов фирма приносит собственнику более *5000* долларов в месяц.

14 Замените придаточные определительные предложения причастными оборотами, употребив действительные и страдательные причастия настоящего и прошедшего времени в правильной форме.
Replace the attributive subordinate clauses with participial constructions using active and passive participles (present or past) as appropriate.

Образец: В городе есть рестораны, *которые специализируются* на экзотической кухне.
→ В городе есть рестораны, *специализирующиеся* на экзотической кухне.

1) Бизнес, *который расположен на Украине*, является самым экзотическим.

2) На основе данных, *которые содержатся в заявке*, можно было бы создать такую ферму.

3) Целью агрохолдинга является создание полного цикла производства мясной продукции, *которая производится в соответствии с мусульманскими традициями*.

4) Предприятие, *которое было выставлено на продажу летом 2003 года*, оценили в 1500 тыс. долларов.

5) Уникальный бутик, *который расположен в районе Садового кольца в Москве*, является российским аналогом парижского «Коллет».

6) Мы интересуемся компаниями, *которые работают на рынке модной одежды*.

7) Бутик приобрела торговая фирма, *которая решила осваивать розницу*.

8) Нам рассказали о компании, *которая занимается изготовлением и продажей очков*.

9) В последнее время появляется много предложений о продаже бизнеса, *который находится за рубежом*.

10) Приобретают такие фирмы россияне, *которые устали от жизни в России и решили уехать за границу*.

11) На продажу выставлена фирма, *которая разработала технологию «Объёмное видео»*.

12) Инвесторы предпочитают типовые проекты, *которые воспринимаются как более понятные и простые в управлении*.

15 Переведите следующие предложения на английский язык.
Translate the following sentences into English.

1) Некоторые из выставляемых на продажу предприятий построены на основе оригинальных бизнес-идей.

2) Создание полного цикла производства мясной продукции в соответствии с мусульманскими традициями было политкорректным предложением.

3) На рынке продаж сельскохозяйственные компании пользуются ограниченным спросом.

4) Бутик, расположенный в районе Садового кольца в Москве, является российским аналогом парижского магазина «Коллет».

5) Магазин приобрела для себя крупная оптовая торговая фирма, решившая осваивать розничную торговлю.

6) Многие россияне, уставшие от жизни в России, приобретают бизнес за границей.

7) Переговоры с потенциальными инвесторами увенчались успехом.

8) В Европе комиксы занимают около 30 процентов книжного рынка, в России же этот рынок только начинает развиваться.

16 Какая из описанных бизнес-идей кажется вам наиболее интересной? Объясните свой выбор. Могли бы вы сами предложить какую-либо бизнес-идею?
Which of the business ideas described in the text do you find the most interesting? Why? Can you suggest any interesting business ideas of your own?

1 **Прочитайте следующий текст и отметьте, какие из нижеприведённых утверждений соответствуют его содержанию, а какие — нет.**
Read the text and indicate which of the following statements are true and which are false.

	Да	Нет
1) Владелец салона модной одежды интересовался распродажей осенней коллекции.		
2) Молодой человек начал свой бизнес после окончания университета.		
3) Он хотел переехать в столицу России.		
4) Родители молодого бизнесмена заплатили за аренду торгового помещения.		
5) Мать молодого человека продолжала работать несмотря на запрет врачей.		
6) Марк бросил учёбу.		
7) Он перешёл работать в крупный магазин.		
8) Представительства известных брендов не сразу согласились сотрудничать с бизнесменом из провинции.		
9) В бизнесе занята вся семья.		

БРЕНДЫ ПОКОРИЛИ ГЛУБИНКУ

— А в Москве́ распрода́жи начали́сь? — **взволно́ванно** спроси́л у меня́ Марк Ковале́вский, владе́лец сало́на мо́дной оде́жды в То́мске. — Ну́жно не пропусти́ть моме́нт. Ина́че ле́тняя колле́кция так и оста́нется нераспро́данной.

покорить — to conquer
глубинка — backwoods
взволнованно — excitedly

Сейча́с Ма́рку 23 го́да. Свой пе́рвый магази́н он откры́л сра́зу после шко́лы — в 18 лет. «Я поступи́л в университе́т, но брать у роди́телей де́ньги на обуче́ние не хоте́л, — расска́зывает он. — И поэ́тому реши́л нача́ть свой би́знес».

Тут Марк немно́го **лука́вит** — он не то́лько хоте́л приобрести́ фина́нсовую незави́симость, но ещё и **стра́стно** стреми́лся перебра́ться из небольшо́го го́рода Се́верск в столи́цу о́бласти — Томск. Роди́тели его́ **зате́ю** не одо́брили, хотя́ у них то́же был магази́н оде́жды. «Ты до́лжен учи́ться, а не игра́ть в би́знес», — говори́ла мать. Поэ́тому ю́ноша **подобра́л** в То́мске **помеще́ние** для бу́дущего магази́на **вта́йне** от роди́телей.

лукавить — to prevaricate
страстно — passionately
затея — venture
подобрать — to choose
помещение — premises
втайне — secretly

На то, что́бы **офо́рмить** торго́вый зал и заплати́ть за ме́сяц аре́нды, хвати́ло со́бственных сбереже́ний и де́нег, **за́нятых** у знако́мых.

оформить — to decorate
занятый — borrowed

Двум студе́нткам-продавщи́цам Марк пообеща́л вы́дать зарпла́ту в конце́ ме́сяца. Остава́лось закупи́ть това́р, но на э́то де́нег уже́ не́ было. Тогда́, поста́вив роди́телей перед фа́ктом, Марк попроси́л их подели́ться свои́м това́ром. «Я не могла́ отказа́ть — ведь начина́ла так же», — расска́зывает мать О́льга Алекса́ндровна.

В нача́ле 90-х О́льга, университе́тский преподава́тель исто́рии, перенесла́ тяжёлую опера́цию на **щитови́дной железе́**, после кото́рой врачи́ вообще́ запрети́ли ей рабо́тать. Но не такова́ была́ Ковале́вская. Она́ устро́илась продавцо́м оде́жды в магази́н. Через полго́да ста́ла лу́чшим продавцо́м и реши́ла откры́ть своё де́ло. Сде́лать э́то помо́г слу́чай. Иностра́нные партнёры расплати́лись с ме́стным химкомбина́том па́ртией сти́льной оде́жды. И О́льга предложи́ла взять её на реализа́цию.

щитовидная железа — thyroid gland

Но вернёмся к сы́ну. 1 сентября́, вме́сто того́ что́бы пойти́ учи́ться, Марк открыва́ет сало́н. «Снача́ла бы́ло ужа́сно, — вспомина́ет он. — Лю́ди заходи́ли к нам, как на экску́рсию, но ничего́ не покупа́ли». Впро́чем, через неде́лю появи́лись покупа́тели, а ме́сяц Марк зако́нчил да́же с небольшо́й при́былью.

Учёбу Марк тем вре́менем совсе́м **забро́сил**. В декана́те уже́ **грози́лись отчи́слить** его́, е́сли не **сдаст «хвосты́»**. А тут ещё при́быль магази́на ста́ла па́дать: ры́нок ка́чественной, сре́дней по цене́ оде́жды **подмя́ли под себя́** кру́пные универма́ги. И Марк **сверну́л** би́знес, оборо́т кото́рого вы́шел на 300 тыс. рубле́й в ме́сяц. «Ну́жно бы́ло иска́ть но́вое направле́ние», — поясня́ет он.

забросить — to abandon
грозиться — to threaten
отчислить — to exclude
сдать «хвосты» — to take one's referrals
подмять под себя — to wipe out
свернуть — to pack in

Реши́в пробле́му с учёбой, Марк реши́л откры́ть бути́к дорого́й оде́жды. «Я пересмотре́л го́ры катало́гов, вместе с ма́мой объе́здил все бути́ки Москвы́, — расска́зывает он. — Одна́ко са́мым сло́жным оказа́лось договори́ться с **представи́тельствами** торго́вых ма́рок. Они́ сме́ялись: «Да кто у вас в прови́нции бу́дет э́то покупа́ть?!»

представительство — branch office

Наконе́ц не́сколько изве́стных бре́ндов согласи́лись. «"Бо́же мой, Марк! Како́й некомме́рческий прое́кт! Нельзя́ ду́мать то́лько о красоте́!" — воскли́ца́ла я тогда́, — вспомина́ет О́льга Алекса́ндровна. — Но когда́ у нас купи́ли кашеми́ровый сви́тер за 4,5 тыс. рубле́й, я запла́кала».

Сейча́с слёзы в про́шлом. А в би́знесе **кру́тится** вся семья́. Марк закупа́ет италья́нскую оде́жду, па́па — неме́цкую, ма́ма раскла́дывает её в за́ле, а двою́родная сестра́ и де́вушка Ма́рка рабо́тают продавца́ми. Мо́жет быть, у росси́йского ма́лого би́знеса появля́ются свои́ тради́ции, бу́дущее?

крутиться — to muck in

(По материалам статьи А. Крашакова — газета «Аргументы и факты», № 26, 2005)

2 Выберите подходящее по смыслу слово.
Choose the right word.

1) Этот человек — *обладатель* / *владелец* салона модной одежды.

2) Он *поступил* / *устроился* в университет в 18 лет.

3) Он *страстно* / *пламенно* хотел перебраться в столицу.

4) Иностранные партнёры расплатились с *аборигенным* / *местным* химкомбинатом партией одежды.

5) Предприниматель предложил взять одежду на *осуществление* / *реализацию*.

6) Через неделю в магазине *появились* / *завелись* покупатели.

7) Бизнесмен закончил месяц с *барышом* / *прибылью*.

8) Рынок одежды подмяли под себя *крупные* / *здоровенные* универмаги.

9) Бизнесмен решил *сложить* / *свернуть* убыточный бизнес.

10) Он пересмотрел *холмы* / *горы* каталогов.

11) В бизнесе *крутится* / *ворочается* вся семья.

12) У российского *незначительного* / *малого* бизнеса появляются свои традиции.

3 Замените выделенные слова и словосочетания словами, близкими по значению.
Replace the italicised words and phrases with those of similar meaning.

1) Этот *молодой человек* — *хозяин* магазина модной одежды в Томске.

2) *В противном случае* летняя коллекция может остаться *нереализованной*.

3) В 18 лет он решил начать *своё дело*.

4) Юноша немного *хитрит*.

5) *Кроме* обретения финансовой независимости его мечтой было перебраться в столицу.

6) Студент совсем *запустил* учёбу.

7) Рынок подмяли под себя *большие* универмаги.

8) Кто в *глубинке* будет это покупать?

4 В следующих предложениях найдите лишние слова, не соответствующие контексту.
Find the words and phrases which do not fit into the context of the following sentences.

1) В Москве начались перепродажи и распродажи одежды.

2) Владелец и властелин бутика считал, что нельзя пропустить важный момент и чудное мгновение.

3) Юноша не хотел брать у родителей деньги на обновление и обучение.

4) Молодой человек сражался и стремился перебраться и переправиться в столицу.

5) На оформление торгового зала и аренду хватило его субъективных и собственных сбережений и отложений.

6) Через полгода она решила открыть своё личное дело.

7) Бизнесмен закончил месяц с прибылью и увеличением.

8) В деканате грозились отчислить студента из института, если он не сдаст «крылья» и «хвосты».

5 Дополните следующие предложения, употребив наречия *также* или *так же* (в котором *же* — усилительная частица).
Complete the following sentences by using the adverbs *также* or *так же* where *же* is an emphatic particle.

1) Свой бизнес мать начинала ____________, как и её сын.

2) Двоюродная сестра ____________ работала в магазине.

3) Он думал ____________, хотя никогда не говорил об этом.

4) ____________, как и его друзья, он не хотел брать деньги на обучение у родителей.

5) Они продавали одежду, а ___________ обувь.

6) Мать считала, что нужно думать не только о красоте, но ___________ и о коммерческой выгоде.

7) Он учился плохо, и его подруга училась точно ___________.

8) Как и многие его сверстники, молодой человек ___________ хотел переехать в большой город.

6 Допишите в выделенных глаголах частицу *-ся / -сь*, где это необходимо.
In the spaces provided add the particle *-ся / -сь* where necessary.

1) В магазине *начала*___ распродажа.

2) Свой первый магазин юный бизнесмен *открыл*___ сразу после школы.

3) Молодой человек *пытал*___ *перебрать*___ в столицу области.

4) Родители считали, что их сын должен *учить*___, а не *занимать*___ бизнесом.

5) Они решили *поделить*___ с ним своим товаром.

6) Мать не могла ему *отказать*___.

7) Она *устроила*___ продавцом одежды в магазин.

8) Иностранные партнёры *расплатили*___ с химкомбинатом партией одежды.

9) Давайте *вернём*___ к сыну.

10) Он *решил*___ проблему с учёбой и решил *открыть*___ бутик дорогой одежды.

11) *Договорить*___ с представительствами торговых марок *оказало*___ самым сложным.

12) В бизнесе *крутит*___ вся семья.

7 Употребите слова, данные в скобках, в правильной грамматической форме. Где необходимо, употребите предлог.
Put the words in brackets into the correct grammatical form. Use prepositions where necessary.

1) пропустить (существенный момент, сезонная распродажа, важная встреча)

2) поступить (столичный университет, новая работа, государственная служба)

3) играть (настоящий бизнес, фондовая биржа, семиструнная гитара)

4) пообещать (студентки-продавщицы, свой отец, родная мать)

5) поделиться (модный товар, важная информация, передовые идеи)

6) расплатиться (местный химкомбинат, заводские рабочие, нештатная сотрудница)

7) отчислить (престижный университет, средняя школа, педагогическое училище)

8) разобраться (учёба, сложная проблема, важные вопросы)

9) договориться (торговое представительство, иностранные партнёры, старшие братья)

10) думать (вечная красота, светлое будущее, большая прибыль)

8 **Выберите глагол нужного вида.**
Choose the imperfective or perfective aspect of the verb.

1) На прошлой неделе в Москве *начинались* / *начались* распродажи.

2) Свой первый магазин молодой бизнесмен *открывал* / *открыл* в 18 лет.

3) Он *поступал* / *поступил* в университет, но не хотел *брать* / *взять* у родителей деньги на обучение.

4) Юноша стремился *перебираться* / *перебраться* из небольшого города в столицу области.

5) Владелец магазина пообещал продавцам всегда *выдавать* / *выдать* зарплату в конце месяца.

6) Родители постоянно *будут помогать* / *помогут* сыну.

7) Иностранные партнёры часто *расплачивались* / *расплатились* с нами одеждой.

8) Иногда люди *заходили* / *зашли* в магазин, но ничего *не покупали* / *не купили*.

9) Тем временем молодой человек совсем *забрасывал* /*забросил* учёбу.

10) Ежедневно они *объезжали* / *объездили* все бутики Москвы в поисках нужных товаров.

9 **В следующих предложениях употребите глаголы *поступать* / *поступить*, *вступать* / *вступить* в правильной грамматической форме.**
In the following sentences use the words *поступать* / *поступить*, *вступать* / *вступить* as appropriate.

1) Молодой человек ____________ в университет три года назад.

2) Многие хотят, чтобы Россия ____________ во Всемирную торговую организацию.

3) Эти бизнесмены решили не ____________ в Союз предпринимателей.

4) Обычно дети ____________ в первый класс в возрасте семи лет.

5) Этот бизнесмен обманул своего партнёра по бизнесу. Так ____________ нельзя.

6) Юноша ____________ в разговор только после того, как высказались все остальные.

7) Она всегда ____________ так, как считает нужным.

8) Ей не хотелось ____________ в бессмысленный спор с родителями.

10 **В следующих предложениях употребите нижеприведённые глаголы в правильной форме. Обратите внимание на возможность вариантов.**
In the following sentences use the verbs below in the correct form. Note that in some cases more than one option is possible.

брать; выбрать / *выбирать; забрать* / *забирать; избрать* / *избирать;*
набрать / *набирать; перебрать* / *перебирать; подобрать* / *подбирать;*
обобрать / *обирать; отобрать* / *отбирать; разобрать* / *разбирать;*
собрать / *собирать; убрать* / *убирать*

1) Юноша ___________ помещение для будущего магазина.

2) Продавец помог покупательнице ___________ подходящие туфли.

3) Друзья и родители помогли юному бизнесмену ___________ необходимую сумму денег для открытия магазина.

4) Необходимо ___________ два красивых костюма для витрины магазина.

5) Покупатель ___________ свою покупку и ушёл.

6) Костюмов вашего размера больше нет, их ___________ ещё вчера.

7) Зачем ты ___________ столько книг?

8) Прежде чем открывать магазин одежды, бизнесмен решил ___________ всю информацию о рынке.

9) Предметом своего исследования аспирант ___________ проблему развития рынка одежды.

10) Это платье не стоит таких денег, вас просто ___________.

11) Она ___________ десятки пар обуви, но так и не смогла найти ничего подходящего.

12) В конце дня необходимо ___________ помещение магазина.

13) Я никак не могу ___________, что написано в этой инструкции мелким шрифтом.

14) Нас попросили ___________ синонимы к этим глаголам.

15) Книги из читального зала нельзя ___________ на дом.

16) Когда мальчик возвращался из школы домой, какие-то хулиганы ___________ у него мобильный телефон.

11 **В следующих предложениях употребите в правильной форме глаголы движения групп *идти — ходить / ехать — ездить* с соответствующими приставками, где это необходимо. Обратите внимание на то, что иногда возможны варианты.**
In the following sentences use the verbs of motion *идти — ходить / ехать — ездить* as appropriate with prefixes where necessary. Note that in some sentences more than one choice is possible.

1) Она ___________ все бутики Москвы, но так и не нашла кашемировый свитер своего размера.

2) Мать с сыном решили ___________ в Москву, чтобы найти торговых партнёров.

3) Молодой человек ___________ за подругой, и они вместе ___________ в университет.

4) Марк очень хотел ___________ из маленького городка в столицу.

5) Девушка ___________ к красивой витрине и долго смотрела на неё.

6) Наконец она ___________ от витрины и ___________ к автобусной остановке.

7) Покупательница ___________ через весь магазин к дальнему прилавку.

8) ___________ два года, и прибыль начала падать.

9) Юноша решил ___________ в другой институт, так как хотел изучать маркетинг.

10) Когда он ___________ из театрального института, все очень удивились.

11) В аудиторию ___________ нельзя — там ___________ экзамен.

12) Он несколько раз ___________ из офиса, чтобы поговорить по мобильному телефону.

12 Замените прямую речь косвенной.
Turn the following sentences into reported speech.

1) Начинающий бизнесмен спросил: «В Москве начались распродажи?»

2) Он сказал: «Я поступил в университет сразу после школы».

3) Мать сказала: «Ты должен учиться, а не играть в бизнес».

4) Она сказала: «Я не могла отказать ему в деньгах».

5) Предприниматель спросил девушек-студенток: «Вы хотите работать в моём магазине?»

6) Он рассказал: «Люди заходили в магазин, как на экскурсию».

7) Представители известных брендов поинтересовались: «Кто у вас в провинции будет это покупать?»

8) Мать спросила: «Это коммерческий проект?»

9) Покупательница спросила: «Это кашемировый свитер?»

10) Автор статьи спрашивает: «У российского малого бизнеса появляются свои традиции?»

13 Переведите следующие предложения на русский язык.
Translate the following sentences into Russian.

1) The summer fashion collection was not sold out despite the reductions in prices.

2) Many parents think that their children should continue with their studies rather than play at business.

3) The student kept it a secret from his parents that he had a job on the side.

4) She broke the news to her parents that she had been excluded from university for failing her resits.

5) In the 90's foreign firms sometimes settled accounts with their Russian partners by giving them consignments of clothes or other goods.

6) People often visit expensive boutiques just to have a look at the new styles but never buy anything.

7) The shop's turnover increased until it finally brought in substantial profits.

8) Superstores deliberately try to wipe out corner shops.

14 Проследите биографию Марка Ковалевского с того времени, как он окончил школу и попытался начать свой бизнес.
Trace the experience of Mark Kovalevsky when he left school and attempted to establish his own business.

15 Напишите сочинение на тему: «Свой бизнес: плюсы и минусы».
Write an essay based on the following topic: "What are the positive and negative aspects of setting up one's own business?"

1 **Прочитайте следующий текст и отметьте, какие из нижеприведённых утверждений соответствуют его содержанию, а какие — нет.**
Read the text and indicate which of the following statements are true and which are false.

	Да	Нет
1) Московское правительство планирует убрать из города все рекламные щиты.		
2) Люди в основном недовольны не самой рекламой, а формой её реализации.		
3) Москвичи бурно реагируют на непристойную рекламу.		
4) Повлиять на рекламодателей и на содержание рекламы невозможно.		
5) Скрытая реклама алкогольных напитков весьма распространена.		
6) Банки часто обманывают людей, обещая им дешёвые или даже беспроцентные кредиты.		
7) Информация о комиссионных сборах за обслуживание кредита в рекламном проспекте обычно написана крупным шрифтом.		

РЕКЛАМА.NET

После́дние ме́сяцы проше́дшего го́да войду́т в исто́рию страны́ как вре́мя реши́тельной борьбы́ власте́й с рекла́мой. **Законода́тели** реши́ли вопро́с с **пивны́ми ро́ликами**, на́чали обсужде́ние пробле́мы социа́льной рекла́мы, а моско́вское прави́тельство пообеща́ло в ближа́йшее вре́мя убра́ть из це́нтра го́рода треть рекла́мных **щито́в**.

законодатель — law-maker
пивной ролик — beer commercial
щит — billboard

Почему́ же рекла́му — дви́гатель цивилиза́ции — так не лю́бят? Как пока́зывают **опро́сы** социо́логов, ча́ще всего **упре́ки** в а́дрес рекла́мы каса́ются не сто́лько её **су́ти**, ско́лько фо́рмы реализа́ции. По мне́нию председа́теля комите́та по **нару́жной рекла́ме** и информа́ции прави́тельства Москвы́ Влади́мира Мака́рова, содержа́ние и смысл рекла́мных щито́в должны́ контроли́ровать са́ми рекламода́тели. Комите́т э́то сде́лать про́сто **не в си́лах**, так как в го́роде на сего́дня бо́лее 70 ты́сяч «рекла́мных **пове́рхностей**».

опрос — survey
упрёк — criticism
суть — essence
наружная реклама — advertising hoardings
быть не в силах — to be incapable
поверхность — space

В ито́ге на у́лицах и в метро́ появля́ются таки́е фра́зочки, что дете́й сты́дно ря́дом с ни́ми води́ть. Э́то и сло́ган «Це́ны про́сто ох..!»[1], и рекла́ма пылесо́сов «**Сосу́** пыль за копе́йки». Не ме́нее стра́нно вы́глядит и рекла́ма одного́ из моско́вских ба́нков: «10 %. Поня́тно да́же **ежу́**». Все э́ти плака́ты вызыва́ли таку́ю бу́рную реа́кцию москвиче́й, что властя́м пришло́сь **свя́зываться** с рекла́мными фи́рмами и **сро́чно** меня́ть содержа́ние на бо́лее **присто́йное**. Иногда́ и са́ми **рекламода́тели** понима́ют, что по́стер вы́глядит, **мя́гко говоря́**, **двусмы́сленно**. После **тера́кта** у ста́нции метро́ «Ри́жская» радиоста́нция «Динами́т FM» сама́ поменя́ла свои́ плака́ты, **гласи́вшие**: «Динами́т — что́бы улете́ть».

сосать — to suck
ёж — hedgehog
связываться — to contact
срочно — urgently
пристойный — decent
рекламодатель — advertiser
мягко говоря — to put it mildly
двусмысленный — ambiguous
теракт — *abbr. of* террористический акт (terrorist attack)
гласить — to proclaim

Впро́чем, на тех, кто сам не понима́ет, име́ются и **рычаги́ возде́йствия**, кото́рые нахо́дятся в рука́х экспе́ртного сове́та Федера́льной антимонопо́льной слу́жбы (ФАС). Он даёт свои́ рекоменда́ции относи́тельно зако́нности и эти́чности той и́ли ино́й рекла́мы. Но, су́дя по тому́, что упомя́нутые вы́ше плака́ты висе́ли не оди́н день, э́той организа́ции то́же не хвата́ет сил на бы́строе реаги́рование.

рычаг воздействия — lever of influence

---

[1] Ох..! — Play on words. "Ox" is an interjection meaning pity or astonishment but the dots indicate the gap letters (that is often done when using a swear-word).

В концé гóда ФАС заним́алась так назывáемой **замещáющей** реклáмой, пытáясь **изгнáть** её с москóвских ýлиц. Значи́тельную часть столи́чных реклáмных площадéй, по мнéнию экспéртов, занимáет **скры́тая** реклáма крéпкого алкогóля. Напримéр, производи́тели вóдки «Флáгман» для продвижéния её на ры́нке испóльзовали вполнé **неви́нную** продýкцию под тем же назвáнием — конфéты и слабоалкогóльный напи́ток. Замещáющая реклáма испóльзуется, как признаю́тся чинóвники в привáтных бесéдах, потомý, что онá принóсит городскóй **казнé** огрóмные дéньги. Запрéт на подóбную реклáму **вступит в си́лу** веснóй 2005 гóда.

замещающий — substitute
изгнать — to get it banished
скрытый — concealed
невинный — harmless
казна — coffers
вступить в силу — to come into force

Есть у росси́йской реклáмы и другáя проблéма. Всё та же ФАС в концé гóда началá **разбирáтельство** с бáнками, котóрые в течéние всегó гóда **беззастéнчиво** обмáнывали потреби́телей, обещáя дешёвые и́ли совсéм беспроцéнтные креди́ты. Широкó разрекламúрованная прогрáмма «10–10–10», **подразумевáющая**, что и́менно в таки́е ци́фры **вы́льются** для потреби́теля **первоначáльный взнос, срок погашéния** креди́та и **процéнтная стáвка**, на сáмом дéле оказáлась не бóлее чем оригинáльным **трю́ком. На сáмом дéле** реáльная **годовáя стáвка** с учётом всех коми́ссий дохóдит до 40 процéнтов. Тóлько после подписáния договóра покупáтели узнавáли, что крóме **объя́вленной** стáвки креди́та им придётся плати́ть немáлую коми́ссию за егó обслýживание, причём кáждый мéсяц. В лýчшем слýчае информáция об э́том напи́сана в реклáмном проспéкте **мéлким шри́фтом.** В хýдшем — о **граби́тельских** процéнтах клиéнт узнаёт в момéнт пéрвой вы́платы. **Расчёт** прост: далекó не все нáши лю́ди умéют бы́стро считáть, а уж читáть внимáтельно договóр в магази́не, когдá вы ограни́чены во врéмени...

разбирательство — investigation
беззастенчиво — brazenly
подразумевать — to imply
вылиться — to convey
первоначальный взнос — initial instalment
срок погашения — expiry date
процентная ставка — interest rate
трюк — trick
на самом деле — in fact
годовая ставка — annual percentage rate (APR)
объявленный — stipulated
мелкий шрифт — small print
грабительский — extortionate
расчёт — design

Во мнóгих стрáнах ми́ра бáнки обя́заны не тóлько писáть ря́дом с номинáльной стáвкой процéнта и реáльную, но ещё и **размещáть** там же стáвки конкурéнтов. Нéчто подóбное должнó появи́ться и у нас. Покá ФАС мóжет тóлько **оштрафовáть** бáнки и магази́ны на сýмму до 550 000 рублéй за непóлные дáнные. Éсли ей удáстся доказáть, что бáнки виновáты, то суды́ ждёт **шквал и́сков** от **оби́женных** покупáтелей.

А вот за мéлкий шрифт **привлéчь к отвéтственности** невозмóжно.

размещать — to indicate
оштрафовать — to fine
шквал — barrage
иск — complaint
обиженный — angry
а вот — nonetheless
привлечь к ответственности — to bring to book

(По материалам журнала «Огонёк», № 1, 2005)

2 Найдите в правой колонке определения для названий, данных в левой колонке.
Match the nouns from the left-hand side column with the definitions on the right.

1) конкурент
2) законодатель
3) производитель
4) чиновник
5) клиент
6) председатель
7) эксперт

а) Тот, кто изготовляет что-либо.
б) Государственный служащий.
в) Тот, кто устанавливает законы.
г) Тот, кто соперничает с кем-либо в борьбе за достижение наивысших выгод, преимуществ.
д) Специалист, дающий заключение при рассмотрении какого-либо вопроса.
е) Посетитель, покупатель, заказчик.
ж) Руководитель заседания, собрания, организации, коллегиального учреждения.

3 Какие слова в следующих предложениях являются лишними и не соответствуют контексту?
Find the words and phrases which do not fit into the context of the following sentences.

1) Законодатели решили вопрос с пивными роликами и роликовыми коньками.

2) Комитет не в силах контролировать занятия, дела и деятельность рекламодателей.

3) Другой и иной раз сами рекламодатели понимают, что плакат выглядит двусмысленно и двулично.

4) В конце года ФАС занималась замещающей и заменяющей рекламой.

5) Это была вполне невинная продукция — конфеты, слабоалкогольные и слабовольные напитки.

6) Хотя заказ и запрет на подобную рекламу вступит в силу только весной, ФАС уже сейчас может применять это положение в теории и на практике.

7) Именно скрытая, спрятанная реклама крепкого алкоголя занимает значительную часть столичных рекламных улиц и площадей.

8) Делается это, как признаются чиновники в приватных и прибыльных беседах, совсем не из стремления облагородить центр Москвы.

4 Замените выделенные слова и выражения близкими по смыслу лексическими единицами, которые можно найти в тексте.
Replace the italicised words and phrases with synonymous expressions from the text.

1) Чаще всего упрёки в адрес рекламы касаются не столько её *сущности*, сколько формы реализации.

2) Комитет *не имеет возможности* контролировать всю рекламу.

3) Рекламным фирмам пришлось в *срочном* порядке менять содержание рекламы на более пристойное.

4) *Иногда* и сами рекламодатели понимают, что *плакат* выглядит двусмысленно.

5) Запрет на подобную рекламу *начнёт действовать* только весной.

6) Как признаются чиновники в *частных* беседах, замещающая реклама приносит городской казне огромные деньги.

5 **Из прилагательных в левой колонке выберите такое, которое может составить наиболее удачное словосочетание с существительным из правой колонки.**
Choose the most appropriate adjective from the left-hand side column to match the noun from the right-hand side column.

последний завершающий финальный	месяц
протекший прекратившийся прошедший	год
решительная категорическая бесповоротная	борьба
ближнее ближайшее близкое	время
кипучая бурная бурливая	реакция
пристойное порядочное недурное	содержание
резвое бойкое быстрое	реагирование
скрытая спрятанная тайная	реклама
первостепенный первоначальный первоапрельский	взнос
незначительный небольшой мелкий	шрифт

6 **Употребите слова, данные в скобках, в правильной грамматической форме. Где это необходимо, употребите предлоги.**
Put the words in brackets into the correct form. Use prepositions where necessary.

1) борьба (алкогольная реклама, недобросовестные рекламодатели, вульгарные постеры)

2) обсуждение (серьёзная проблема, важный вопрос, этические нормы)

3) комитет (наружная реклама, информация, жилищное строительство)

4) рычаги воздействия (злостные нарушители, непорядочный рекламодатель, московское правительство)

5) запрет (замещающая реклама, рекламная продукция, несанкционированное использование)

6) разбирательство (такие банки, незарегистрированная фирма, генеральный директор)

7) подписание (важный договор, принятое соглашение, этот протокол)

8) информация (комиссионные расходы, предоставляемый кредит, банковские операции)

7 **Вставьте необходимые предлоги.**
Insert the appropriate prepositions.

1) Это время войдёт ______ историю как время борьбы властей ______ рекламой.

2) ______ мнению председателя комитета _______ наружной рекламе и информации, содержание рекламных щитов должны контролировать сами рекламодатели.

3) ______ итоге ______ улицах и ______ метро появилась такая реклама, что детей стыдно ______ ______ ней водить.

4) Властям пришлось связываться ______ рекламными фирмами и менять содержание рекламы ______ более пристойное.

5) Судя ______ тому, что эти плакаты долго висели, этой организации не хватает сил ______ быстрое реагирование.

6) Производители водки «Флагман» для её продвижения ______ рынке использовали другую продукцию ______ тем же названием.

7) Запрет ______ подобную рекламу вступит _____ силу весной.

8) Есть ______ отечественной рекламы и другая беда.

9) ______ деле реальная годовая ставка ______ учётом всех комиссий доходит ______ 40 процентов.

10) ______ мелкий шрифт привлечь _____ ответственности невозможно.

8 **Дополните следующую таблицу, употребив соответствующие суффиксы, где это возможно.**
Fill in the gaps, applying the appropriate suffixes where possible.

Город	Жители города	Житель города	Жительница города
город	горожане	горожанин	горожанка
1) Москва		москвич	
2) Петербург	петербуржцы		
3) Волгоград			жительница Волгограда
4) Сочи		сочинец	
5) Ростов	ростовчане		
6) Псков			псковитянка
7) Тула	туляки		
8) Новгород	новгородцы		
9) Архангельск		архангелогородец	
10) Мурманск			мурманчанка

9 **Дополните следующие предложения, употребив в правильной форме нижеприведённые существительные.**
Complete the following sentences by using the nouns below in the correct form.

работодатель, председатель, рекламодатель, законодатель, предатель, издатель

1) По мнению _________________ комитета по наружной рекламе, содержание рекламных щитов должны контролировать сами рекламодатели.

2) _________________ пытаются бороться с недобросовестной рекламой при помощи законов.

3) _________________ стараются брать на работу энергичных и инициативных людей.

4) Книга написана, уже завтра её увидит _________________.

5) Наш бывший друг обманул нас всех, он оказался настоящим _________________.

6) _________________ стараются размещать рекламу в то время, когда телевизор смотрит наибольшее число зрителей.

10 **В следующих предложениях употребите подходящие по смыслу союзы или союзные слова.**
Insert the appropriate conjunctions.

1) Власти ведут борьбу с такой рекламой, _______ не отличается высоким качеством.

2) Рекламодатели понимали то, ______ плакат выглядел двусмысленно.

3) На того, ______ сам не понимает, имеются рычаги воздействия.

4) Судя по тому, ______ долго висели такие плакаты, этой организации не хватает сил на быстрое реагирование.

5) ФАС озаботилась той рекламой, ______ принято называть замещающей.

6) Для рекламы водки использовалась другая продукция под тем же названием, ______ и сама водка.

7) Люди прекрасно понимают то, ___________ на самом деле им предлагают алкоголь.

8) ФАС начала разбирательство с теми банками, ______ в течение всего года обманывали потребителей.

11 Восстановите следующий текст, дописав окончания слов.
Restore the following text by completing the unfinished words.

Последние месяцы прошедшего года войдут в историю страны как время решительной борьбы властей с рекламой. Законод___________ удалось реши___________ вопрос с рекла_________ пива, а правительс__________ Москвы пообещ__________ в ближ_________ время убр___________ из центра горо___________ треть реклам___________ щитов. Социолог___________ опросы показ___________, что вс___________ упрёки в адр___________ рекламы касаю___________ формы её реализа___________.

Экспертный сов_________ Федеральной антимонопол_________ службы даё_________ рекомендации о законн___________ и этичн___________ той или ин___________ рекламы. В кон___________ года эт___________ служба занимал___________ так назыв___________ замещающей рекла___________, пытаясь изгн___________ эту рекл___________ с московских ул___________.

12 Переведите следующие предложения на английский язык.
Translate the following sentences into English.

1) Хотя реклама неизбежна в современном мире, мало кому она нравится.

2) По крайней мере треть рекламных щитов будет убрана из центра города по распоряжению правительства Москвы.

3) Как показывают социологические опросы, упрёки в адрес рекламы касаются не столько её сути, сколько формы реализации.

4) Некоторые рекламные постеры такие непристойные, что родители не хотят, чтобы дети их видели.

5) Была создана комиссия, которая решает, имеют ли право на существование те или иные рекламные постеры.

6) Некоторые товары рекламировать запрещено, но рекламодатели всегда найдут ловкий способ обойти этот запрет.

7) Чиновники осознают, что реклама приносит городу большие деньги.

8) Многие фирмы обманывают потенциальных клиентов, печатая важную информацию мелким шрифтом.

13 **Каковы негативные стороны рекламного дела, о которых говорится в тексте?**
What are the negative sides of advertising which are emphasised in the text?

14 **Опишите какую-либо рекламу в вашем городе или по телевидению, которая вам особенно понравилась.**
Describe a poster in your home town or an advertisement you have seen on TV which you found particularly appealing.

TEXT 14 • ТЕКСТ 14

1 **Прочитайте следующий текст и отметьте, какие утверждения соответствуют его содержанию, а какие — нет.**
Read the text and indicate which of the following statements are true and which are false.

	Да	Нет
1) В настоящее время можно устроить свадьбу в кредит.		
2) Покупки в кредит стали очень популярными.		
3) Кредитные карты удобнее обычных кредитов.		
4) При оплате по кредитной карте скидки не предусмотрены.		
5) Долгосрочный кредит на большую сумму можно оформить за четверть часа.		
6) В магазине «ГРАНД» продаётся мебель и всё, что нужно для обустройства квартиры или дома.		
7) В России, как и везде, люди хотят использовать при покупке вещей кредитные карты.		

ТРИСТА ТЫСЯЧ ЗА ЧАС, ТРИДЦАТЬ ТЫСЯЧ ЗА ПЯТНАДЦАТЬ МИНУТ

Оце́нивая о́пыт стран Восто́чной Евро́пы, мо́жно сде́лать вы́вод, что росси́йский ры́нок кредитова́ния ча́стных лиц развива́ется доста́точно бы́стрыми те́мпами.

Мо́жно ли устро́ить сва́дьбу в креди́т и́ли купи́ть в креди́т аква́риум с ры́бками? Вполне́ возмо́жно, что ско́ро и таки́е услу́ги кредитова́ния ста́нут обы́чным де́лом.

Бум потреби́тельского кредитова́ния **охвати́л** все сфе́ры на́шей жи́зни. С неда́внего вре́мени в креди́т ста́ло возмо́жно купи́ть кварти́ру, маши́ну, **бытову́ю те́хнику**. В це́лом тенде́нция такова́, что населе́ние всё бо́льше привыка́ет к креди́там и к тому́, что́бы оце́нивать свои́ фина́нсовые возмо́жности в бу́дущем. Сейча́с как отде́льное направле́ние начина́ют развива́ться креди́ты на поку́пку ме́бели. Наприме́р, с 1 ию́ля торго́вый ко́мплекс «ГРАНД» предлага́ет покупа́телям воспо́льзоваться диско́нтно-креди́тной ка́ртой, разрабо́танной совме́стно с ба́нком «Зени́т». Как счита́ет большинство́ ба́нковских специали́стов, креди́тные ка́рты име́ют бо́льший потенциа́л разви́тия, потому́ что они́ удо́бнее обы́чных креди́тов.

охватить — to embrace

бытовая техника — domestic appliances

Но́вая ка́рта Mastercard Electronic («Мастерка́рд Электро́ник») отлича́ется многофункциона́льностью и позволя́ет покупа́ть ме́бель и други́е това́ры в креди́т, а та́кже получа́ть ски́дку от 5 %, а в не́которых слу́чаях и возмо́жность **обсужде́ния цены́**. Причём покупа́тели мо́гут воспо́льзоваться ра́зными креди́тами. Всего́ за 15 мину́т мо́жно получи́ть экспре́сс-креди́т, а за час — офо́рмить креди́т до 300 000 рубле́й **сро́ком** до 3 лет. Полу́ченный креди́т на ка́рте мо́жно испо́льзовать **по своему́ усмотре́нию** — наприме́р, для опла́ты поку́пок в любы́х магази́нах по всему́ ми́ру, принима́ющих ка́рты Mastercard Electronic. Мо́жно та́кже положи́ть на э́ту ка́рту ли́чные **де́нежные сре́дства**.

обсуждение цены — price dispute

срок — term

по своему усмотрению — at your own discretion

денежные средства — funds

Ме́бель нужна́ ка́ждой семье́, жела́ющей **обустро́ить** своё жило́е простра́нство. В «ГРА́НДе» приобрета́ть ме́бель для кварти́ры, да́чи и́ли о́фиса осо́бенно прия́тно, потому́ что есть бога́тый вы́бор. А покупа́ть ме́бель в креди́т прия́тно вдвойне́! И не то́лько ме́бель — тепе́рь в «ГРА́НДе» мо́жно купи́ть абсолю́тно всё для обустро́йства жило́го простра́нства: ковры́, **пли́тку**, **санте́хнику**,

обустроить — to make comfortable

плитка — tiling

сантехника — plumbing

свети́льники и да́же а́удио- и ви́деоте́хнику. **Разуме́ется,** то́же в креди́т!

В Росси́и мы наблюда́ем то, что ви́дели во всём ми́ре. Сейча́с наступи́л **пери́од** не́которого **насыще́ния**, потре́бности люде́й поменя́лись — они́ хотя́т испо́льзовать удо́бства креди́тных карт при поку́пке еды́, ме́бели и бытово́й те́хники, бензи́на для автомоби́ля. Креди́тные ка́рты ста́ли бо́лее востре́бованным и удо́бным фина́нсовым инструме́нтом.

светильник — lighting
разумеется — of course

период насыщения — saturation period

(По материалам статьи М. Ивановой — газета «Московские новости», № 27 от 15.07.05)

2 Выберите подходящее по смыслу слово.
Choose the right word.

1) Российский рынок кредитования *частичных* / *частных* лиц идёт быстрыми темпами.

2) Можно ли купить в кредит *аквариум* / *аквапарк* с рыбками?

3) Бум потребительского кредитования *охватил* / *обхватил* все сферы жизни.

4) Сейчас как *раздельное* / *отдельное* направление начинают развиваться кредиты на покупку мебели.

5) Новая карта позволяет получать *накидку* / *скидку* 5 %.

6) Можно зачислять на карту *безличные* / *личные* денежные средства.

7) В мебельном магазине богатый *выбор* / *набор* красивой мебели.

8) Покупать мебель в кредит приятно *вдвойне* / *вдвое*.

3 Восстановите следующие слова.
Restore the following words.

1) к_ед_то_ан_е
2) _ва_ь_а
3) а_ва_и_м
4) те_н_ _а
5) _ас_л_ни_
6) _о_уп_а
7) к_мп_е_с
8) бо_ь_и_ст_о
9) об_уж_е_ие
10) п_ос_р_нс_в_

4 Вставьте необходимый предлог, употребив слова и словосочетания, данные в скобках, в правильной форме.
Insert the correct preposition using the words and phrases in brackets in the correct form.

1) ______ (пятнадцать минут) можно получить экспресс-кредит, а ______ (час) — оформить кредит сроком ______ (три года).

2) Я получил кредитную карточку ______ (неделя) после обращения в банк.

3) Мне удалось оформить кредит за пятнадцать минут ______ (закрытие) магазина.

4) Заказанную нами мебель привезли ______ (час) позже, чем обещали.

5) Он приехал в Москву ______ (два дня), чтобы повидаться с бывшими коллегами по работе.

6) Мебельный магазин работает ______ (понедельник) ______ (суббота).

7) Она пришла на работу ______ (четверть) девять, т. е. за 15 минут ______ (начало) рабочего дня.

8) Он опоздал на работу ______ (двадцать) минут.

9) Я решил, что куплю новый компьютер ______ (следующий месяц).

10) Вечером ______ (работа) они зашли в магазин бытовой техники.

5 **Выберите подходящее по смыслу существительное. Обратите внимание, что во многих случаях уменьшительные суффиксы утратили значение уменьшительности.**
Choose the right noun. Note that the majority of these nouns have lost their diminutive connotation.

1) У них в доме есть аквариум с *рыбами / рыбками*.

2) Хотя бы раз в неделю полезно есть *рыбу / рыбку*.

3) Старик попросил золотую *рыбу / рыбку* выполнить желание старухи.

4) На столе стоит старинная *лампа / лампочка*.

5) В люстре перегорела *лампа / лампочка*, надо её сменить.

6) При встрече мужчины чаще пожимают друг другу *руки / ручки*, чем женщины.

7) *Рука /Ручка* двери не очень удобная.

8) *Ноги / Ножки* стола слишком тонкие и неустойчивые.

9) Войдя в дом, мужчина вытер *ноги / ножки*.

10) *Книга / Книжка* отзывов посетителей выставки полностью заполнена.

11) У него сто тысяч рублей на *книге / книжке*, и каждый месяц он получает проценты со своего вклада.

12) Дети любят пускать мыльные *пузыри / пузырьки*.

13) На столе стоял *пузырь / пузырёк* с лекарством.

14) Вчера я зашёл в компьютерный магазин и купил новый *ковёр / коврик* для мыши.

15) Пол офиса был покрыт толстым *ковром / ковриком*.

16) В Петербурге проездной билет на транспорт называют *картой / карточкой*.

17) Такого города нет на *карте / карточке*.

6 **Найдите слова и выражения, не соответствующие контексту следующих предложений.**
Find the words and phrases which do not fit into the following sentences.

1) Российский рынок кредитования идёт торопливыми шагами и развивается быстрыми темпами.

2) Такие услуги скоро станут обычным делом и занятием.

3) Бум потребительского кредитования охватил все полушария и сферы жизни.

4) Сейчас как отдельное направление и ориентация развиваются кредиты на поломку и покупку мебели.

5) В некоторых эпизодах и случаях возможно обсуждение цены и стоимости.

6) Полученный кредит можно использовать для платежа и оплаты покупок в любых и всяких магазинах по всему миру.

7 **Перефразируйте следующие выражения, употребив в них причастные обороты, содержащие страдательные причастия настоящего или прошедшего времени. Replace the following phrases with participial constructions containing present or past passive participles.**

Образец: квартиру, которую покупают / купили
→ покупаемая / купленная квартира

1) кредиты, которые предлагают
2) дисконтно-кредитная карта, которую разработали совместно с банком «Зенит»
3) кредит, который получили недавно
4) кредит, который использовали для покупки телевизора
5) покупка, которую оплатили по кредитной карте
6) денежные средства, которые зачислили на кредитную карту
7) мебель, которую приобретают в кредит
8) кредитные карты, которые востребовали

8 **Дополните следующие предложения, употребив в них нижеприведённые глаголы в правильной форме. Обратите внимание на возможность нескольких вариантов. Complete the following sentences by using the verbs below as appropriate. Note that there can be several choices in some cases.**

строить / построить; выстроить / выстраивать; достроить / достраивать; застроить / застраивать; надстроить / надстраивать; настроить / настраивать; перестроить / перестраивать; пристроить / пристраивать; подстроить / подстраивать; расстроить / расстраивать; устроить / устраивать

1) Автор спрашивает, можно ли ___________ свадьбу в кредит.

2) Здание ___________ на один этаж и ___________ там офис.

3) Невозможность получить кредит на квартиру ___________ их планы.

4) В Москве и Петербурге ___________ много супермаркетов.

5) В XIV веке Московский Кремль ___________: вместо деревянных стен ___________ стены и башни из белого камня.

6) Магазин бытовой техники ___________ за неделю до Нового года.

7) В центре города ___________ многоэтажную гостиницу.

8) За последние два года северную часть города ___________ новыми домами.

9) Неудачная покупка ___________ женщину.

10) Перед концертом музыканты всегда ___________ свои инструменты.

11) Мост уже ___________ до середины.

12) Я принимаю ваши условия, они меня ___________.

13) Родителям с трудом удалось ___________ ребёнка в детский сад.

14) Она ___________ так, чтобы он обязательно прочитал это неприятное письмо.

15) В правительстве говорят о необходимости ___________ российскую экономику и удвоить ВВП.

9 **Замените следующие сложносочинённые предложения простыми, употребив в них предлог *при* во временном значении и произведя все необходимые изменения в грамматической структуре предложений.**
Replace the following complex sentences with simple ones, using the preposition *при* and making all necessary changes.

Образец: Люди хотят использовать удобства кредитных карт, *когда покупают еду, мебель и бытовую технику*.
→ Люди хотят использовать удобства кредитных карт *при покупке еды, мебели и бытовой техники*.

1) *Когда оцениваешь опыт стран Восточной Европы*, можно сделать вывод, что российский рынок кредитования частных лиц развивается достаточно быстрыми темпами.

2) *Когда вы пользуетесь дисконтно-кредитной картой*, вы получаете скидку.

3) *Когда вы получаете кредит*, вы можете использовать его по своему усмотрению.

4) *Когда вы оплачиваете покупки по кредитной карте*, вы получаете много преимуществ.

5) *Когда обустраивают жилое пространство или офис*, покупают мебель, светильники и т. д.

6) *Когда вы приобретаете мебель в магазине*, вы также можете пользоваться кредитной картой.

7) *Когда наступает период потребительского насыщения*, потребности людей меняются.

10 **Переведите следующие выражения на английский язык.**
Translate the following phrases into English.

1) сделать вывод
2) покупать в кредит
3) по всему миру
4) приятно вдвойне
5) стать более востребованным

11 Переведите следующие предложения на русский язык.

Translate the following sentences into Russian.

1) You could arrange your wedding and pay for it by credit card if you wanted to.

2) The credit card boom has affected all areas of life.

3) The new Mastercard is multifunctional and you can even get discounts when using it.

4) When families wish to improve their living space, they usually start by buying new furniture.

5) There is a risk that the credit boom will soon reach saturation point.

12 Напишите сочинение на тему «Покупка вещей по кредитной карте: плюсы и минусы».

Write a short essay on the following topic: Advantages and disadvantages of paying by credit card.

TEXT 15 • ТЕКСТ 15

1 **Прочитайте следующий текст и отметьте, какие из нижеприведённых утверждений соответствуют его содержанию, а какие — нет.**
Read the text and indicate which of the following statements are true and which are false.

	Да	Нет
1) О жизни малых городов пишут много.		
2) В самом маленьком городе России есть все необходимые городские службы.		
3) До войны город носил другое имя.		
4) Мэром города является потомок русских царей.		
5) У мэра города есть личный шофёр.		
6) Зарплата милиционера больше зарплаты мэра.		
7) Богатые природные ресурсы могли бы привлечь богатых инвесторов.		
8) 40 % от собранных налогов остаётся в городе на его развитие.		

САМЫЙ МАЛЕНЬКИЙ ГОРОД РОССИИ

О Москве́ — фи́льмы и репорта́жи. А о жи́зни в сёлах и ма́лых города́х, в кото́рых живёт вся страна́, — **скупы́е стро́чки.** Получа́ется, что о повседне́вной жи́зни большинства́ мы зна́ем ма́ло. «АиФ»[1] реши́л воспо́лнить э́тот **пробе́л.**

скупые строчки — a few lines

пробел — gap

Са́мый ма́ленький го́род Росси́йской Федера́ции — Чека́лин. На сего́дняшний день в нём прожива́ют 1150 челове́к. **Пло́щадь** городско́й **застро́йки** — пол квадра́тного киломе́тра.

площадь застройки — built-up area

Но, как в большо́м го́роде, есть по́чта с телегра́фом, банк, сре́дняя шко́ла и детса́д, мэ́рия, **промкомбина́т, лесхо́з**, мили́ция, **пожа́рная часть**, две пло́щади, оди́ннадцать у́лиц и исто́рия длино́й в 439 лет.

промкомбинат — *abbr. of* промышленный комбинат (industrial complex)
лесхоз — *abbr. of* лесное хозяйство (forestry)
пожарная часть — fire department

ПРОШЛОЕ

До войны́ го́род носи́л ти́тул райо́нного це́нтра Ту́льской о́бласти и называ́лся Ли́хвин. Счита́ется, что э́то дово́льно **зло́бное и́мечко** (от слов «ли́хо», **«лихо́й»**) го́род получи́л по́сле **наше́ствия** войск тата́ро-монго́лов, **осажда́вших** кре́пость. Ни оди́н из 27 ру́сских **защи́тников в плен не сда́лся**, все поги́бли. Экономи́ческий **расцве́т** го́рода пришёлся на XIX век. Здесь насчи́тывалось 266 **изб** и 1800 жи́телей. Сего́дня в го́роде 750 домо́в. Бы́ло 25 торго́вых **ла́вок.** Сейча́с три магази́нчика плюс **прила́вочек по выходны́м**, где мо́жно прода́ть **изли́шки** прови́зии, **будь то** ба́нка молока́ (25 рубле́й за 3 ли́тра), свини́на (70 рубле́й за кило́, е́сли брать **ту́шу о́птом**), карто́шка (40 рубле́й за **ведро́**).

Но́вое и́мя — Чека́лин — го́род получи́л в честь 16-ле́тнего партиза́на, **казнённого** фаши́стами в ноябре́ 1941 го́да в скве́рике у шко́лы.

злобное имечко — malicious name
лихой — evil
нашествие — invasion
осаждать — to lay siege
защитник — defender
сдаться в плен — to surrender
расцвет — heyday
изба — hut
лавка — shop
прилавочек — small stall
по выходным — at weekends
излишек — surplus
будь то — whether
туша оптом — whole carcass
ведро — bucket
казнённый — executed

НАСТОЯЩЕЕ

Четы́рнадцать лет мэ́ром слу́жит бы́вший дире́ктор шко́лы с ца́рским и́менем и фами́лией — Никола́й Рома́нов. На рабо́ту он хо́дит пешко́м, но персона́льный авто-

[1] *Abbr.* of *Аргументы и факты*, a popular weekly.

мобиль — вездеходный уазик[1] — имеется. В нём мэр ездит на совещания в район. Каждого горожанина знает лично, включая детей.

За три часа, что просидели мы в кабинете мэра, расспрашивая про городскую жизнь, никто не зашёл.

— У вас **неприёмный** день?

— У нас всегда приёмный. Кому надо, и в праздник меня дома находят. Значит, всё у всех в порядке: крыши не **текут**, в домах газовое отопление, тепло, пенсии и зарплаты получены.

Средняя пенсия в городе — тысяча рублей. Самая маленькая зарплата у **«бюджетной»** уборщицы (800 рублей), у мэра — 5900, у милиционера — 7000 рублей. Население стареет. Детей сейчас в пять раз меньше, чем пенсионеров. За год родились всего 5 **младенцев**. **Трудоспособное** население (четыреста человек) работает в бюджетной сфере, лесхозе и в соседнем городке Суворове, до которого 16 километров. При всём своём малом **масштабе** городу нужны специалисты: учителя, шоферы, инженеры. За последние годы в городскую **общину** приняли 52 семьи **беженцев** из Казахстана и Таджикистана. И, надо сказать, **не зря**. Они детей нарожали, частное строительное предприятие с рабочими местами создали.

неприёмный — non-visiting
течь — to leak
бюджетный — state-paid
младенец — baby
трудоспособный — working
масштаб — scale
община — community
беженец — refugee
не зря — with a positive result

БУДУЩЕЕ

— Эх, нам бы хоть какого-нибудь олигарха сюда **заманить**. Идей по обустройству новой жизни много, денег только нет. Даже **положенных** бюджетных. Уличное освещение отключили за долги. В здании администрации света нет несколько месяцев, — делится проблемами городской голова.

А чем предпринимателя можно заманить? Богатейшими природными ресурсами. Лес, река, **охотхозяйство**. Через весь город проходят артерии минеральной **воды**: четыре вида **лечебной** и **столовой**. **Пробури скважины** — **разливай в бутылки**. И даже оборудование найти можно: стоит молокозавод, ждёт **предприимчивых** рук. Этой водой здесь когда-то лечили **почки**, **печень**, **желудок**. От детского санатория остались лишь воспоминания.

заманить — to attract
положенный — stipulated
охотхозяйство — *abbr. of* охотничье хозяйство (hunting terrain)
лечебная вода — spa water
столовая вода — mineral water
пробурить — to bore
скважина — hole
разливай в бутылки — it is ready to bottle
предприимчивый — enterprising
почка — kidney
печень — liver
желудок — stomach

[1] An all-terrain vehichle produced in Ulyanovsk.

— **Минздра́ву** де́тский санато́рий оказа́лся не ну́жен, — **се́тует** Рома́нов. — Мно́гое перестро́йка **полома́ла.** Промкомбина́т **е́ле выжива́ет**, бо́льше нет у него́ зака́зов для а́рмии. И тем не ме́нее наш го́род живёт не на **дота́ции**, он — до́нор. И моя́ ли́чная мечта́: оставля́ли бы нам хоть 40 проце́нтов от со́бранных нало́гов на разви́тие го́рода, тогда́ мы мно́гое смогли́ бы сде́лать са́ми, ни у кого́ ничего́ не прося́. А пока́ на́ша жизнь ка́жется мне **ездо́й с го́рки.** Бы́строй. Но... вниз.

Минздрав — *abbr. of* Министерство здравоохранения (Ministry of Health)
сетовать — to complain
поломать — to destroy
еле — barely
выживать — to survive
дотация — subsidy
езда с горки — downhill drive

(По материалам статьи Н. Бояркиной — газета «Аргументы и факты», № 48. 2004)

2 Дополните следующие предложения, употребив в правильной форме антонимы выделенных лексических единиц. Необходимые антонимы можно найти в тексте.
Complete the following sentences, inserting antonyms of the words in italics which are to be found in the text, and putting them into the correct form.

1) Вся страна живёт не в *крупных*, а в ___________ городах.
2) Об этом знает не *меньшинство*, а ___________.
3) Почти все жители города *погибли*. Немногие из них ___________.
4) После длительного экономического *упадка* наконец-то наступил экономический ___________.
5) Там продают мясо не *в розницу*, а ___________.
6) Население города не *молодеет*, а ___________.
7) Это не *государственное*, а ___________ строительное предприятие.
8) Вместо того чтобы *включить* освещение, его ___________.
9) Всеми благами пользуется не *беднейшее*, а ___________ население.
10) Они любят не *медленную*, а ___________ езду.

3 Дополните следующие предложения, употребив слова из нижеприведённого синонимического ряда.
Complete the following sentences by using the appropriate synonym from those given below.

личный, частный, приватный, индивидуальный, персональный, собственный, субъективный, свой, интимный

1) Директору молокозавода полагается ___________ машина.
2) Говорят, что ___________ рубашка ближе к телу.
3) Об этом мэр рассказал мне в ___________ беседе.
4) К каждому сотруднику требуется ___________ подход.
5) Некоторые родители не понимают своих ___________ детей.

6) Для них ___________ интересы важнее общественных.

7) Многие интересуются ___________ жизнью звёзд шоубизнеса.

8) В книге описаны самые ___________ подробности жизни олигарха.

9) Эти оценки весьма ___________.

10) Чтобы претендовать на хорошую должность, надо владеть _____________ компьютером.

4 Выберите подходящее по смыслу слово.

Choose the right word.

1) В газетах можно найти только *скупленные* / *скупые* строчки об этом городке.

2) Газета решила восполнить *пробел* / *пробег* в информировании читателей.

3) В городе есть своя *пожарная* / *поджаренная* часть.

4) Город получил своё название после *пришествия* / *нашествия* войск татаро-монголов.

5) Экономический *рассвет* / *расцвет* города пришёлся на XIX век.

6) У директора сегодня *приёмный* / *приемлемый* день.

7) Он работает в *соседском* / *соседнем* городке.

8) Частное предприятие обеспечивает местное население *рабочими* / *работающими* местами.

5 Дополните следующие предложения, употребив предлоги, где это необходимо.

Complete the following sentences by using prepositions where necessary.

1) _____ самом маленьком городе Чекалине, который имеет историю длиной _____ 439 лет, _____ сегодняшний день проживают 1150 человек.

2) Экономический расцвет города пришёлся _____ XIX век.

3) Стоимость молока — 25 рублей _____ 3 литра.

4) Своё название город получил _____ честь партизана, казнённого фашистами _____ 1941 году _____ скверике _____ школы.

5) Мэр ходит _____ работу _____пешком, а _____ совещания _____ район ездит _____ персональном автомобиле.

6) Всё _____ всех _____ порядке: крыши не текут, _____ домах тепло.

7) Детей сейчас _____ пять раз меньше, чем пенсионеров: _____ год родилось всего 5 младенцев.

8) _____ всём своём малом масштабе _____ городу нужны учителя, шофёры и инженеры.

9) Идей _____ обустройству новой жизни много, но денег нет.

10) Предпринимателя можно заманить только _____ богатейшими природными ресурсами.

11) Необходимо, чтобы городу оставляли 40 процентов _____ собранных налогов _____ его развитие.

12) Город — донор, он живёт не _____ дотации.

6 **Дополните следующие предложения, употребив подходящие по смыслу прилагательные.**
Complete the following sentences by using the appropriate adjectives.

скупой, бывший, сегодняшний, экономический, средний, частный, повседневный, неприёмный, малый, торговый, бюджетный, минеральный, уличный, рабочий, трудоспособный, царский

1) В газетах можно прочитать только ___________ строчки о ___________ жизни ___________ городов и сёл.

2) На ___________ день в Чекалине проживает чуть более тысячи человек.

3) В период ___________ расцвета города в нём было 25 ___________ лавок.

4) Мэр города — ___________ директор школы с ___________ фамилией — Романов.

5) У мэра не бывает ___________ дней.

6) ___________ пенсия в городе — тысяча рублей.

7) ___________ население работает в ___________ сфере.

8) Беженцы создали ___________ предприятие с ___________ местами.

9) ___________ освещение было отключено за долги.

10) Через город проходят артерии ___________ воды.

7 **Замените выделенные аналитические формы прилагательных в превосходной степени синтетическими формами (с суффиксами *-айш-* / *-ейш-*).**
Replace the italicised words with superlative forms of the adjective using the appropriate suffix (*-айш-* / *-ейш-*).

Образец: В стране *самые богатые* / *чрезвычайно богатые* природные ресурсы.
→ В стране *богатейшие* природные ресурсы.

1) У этого города *чрезвычайно длинная* история.

2) Это *самые новые* предложения по обустройству жизни.

3) Проблема требует *самого быстрого* решения.

4) Нас познакомили с *самым старым* жителем города.

5) На районном совещании обсуждали *чрезвычайно тяжёлую* экономическую ситуацию.

8 **Напишите следующие сложносокращённые слова полностью.**
Write the following contracted words in full.

промкомбинат
детсад
охотхозяйство
лесхоз
иномарка

зарплата
молокозавод
минздрав
профсоюз
райцентр

9 От следующих словосочетаний образуйте сложносокращённые слова.
Contract the following collocations into compound words.

сберегательный банк
специальная школа
автобусный вокзал
автоматический пилот
городская больница
медицинский пункт
морские продукты
цветовая музыка
иностранный турист
телевизионный канал

10 Напишите выделенные числительные словами.
Write the italicised numerals in full.

1) В городе проживает не более *1150* человек.
2) Город имеет историю длиной почти в *440* лет.
3) Ни один из *27* защитников города в плен не сдался.
4) Экономический расцвет города пришёлся на середину *XIX* века.
5) В городе насчитывалось более *250* изб и около *1800* жителей.
6) Сегодня там около *750* домовладений.
7) Банка молока стоит около *25* рублей за *3* литра, свинина — не более *70* рублей за кило, картошка — около *40* рублей за ведро.
8) Новое имя город получил в честь партизана, казнённого фашистами в ноябре *1941* года в скверике у школы.
9) Уборщица получает около *800* рублей, мэр — *5900*, милиционер — около *7000* рублей.
10) До соседнего городка чуть больше *15* километров.
11) За последние годы город принял более *50* семей беженцев.
12) Мечта мэра — чтобы городу оставляли около *40* процентов от собранных налогов.

11 Обратите внимание, что существительные, содержащие уменьшительно-ласкательные суффиксы, в сочетании с оценочными прилагательными могут выражать и негативную эмоциональную оценку. От основ выделенных слов образуйте отрицательно-оценочные производные.
Note that Russian diminutive suffixes can impart not only an affectionate but also a pejorative meaning to a noun. This meaning is usually emphasised by a evaluative adjective. Form diminutives with negative meaning from the italicised nouns.

Образец: злобное *имя* → злобное *имечко*

тяжёлое *время*
трудный *день*
захолустный *город*
пыльный *сквер*
чахлое *дерево*
тесный *магазин*
бедный *прилавок*
жалкая *комната*
глупая *улыбка*
хитрые *глаза*

12 **Дополните следующие предложения, употребив нижеприведённые существительные в правильной форме.**
Complete the following sentences by using the nouns below as appropriate.

строительство, стройка, строение, перестройка, постройка, застройка, надстройка, пристройка, устройство, обустройство

1) Площадь городской ___________ — пол квадратного километра.
2) У мэра много идей по ___________ города.
3) Недавно началось ___________ частного предприятия.
4) Рабочие ___________ недовольны условиями работы.
5) Здание администрации слишком низкое, необходимо сделать ___________.
6) В старой части города сохранились деревянные ___________ XIX века.
7) По мнению мэра, ___________ многое в жизни города сломала.
8) Чтобы получить водительские права, надо знать ___________ автомобиля.
9) К зданию молокозавода сделали ___________, чтобы расширить производственные площади.
10) Учёные добились больших успехов в изучении ___________ атома.

13 **Замените следующие фразы выражениями, содержащими действительные и страдательные причастия настоящего и прошедшего времени. Употребите их в пре- или постпозиции в зависимости от контекста.**
Replace the following phrases with those containing active or passive participles (past or present). Use them before or after the nouns they modify as appropriate.

Образец: войска, *которые осаждали* крепость
→ *осаждавшие* крепость войска / войска, *осаждавшие* крепость

1) излишки провизии, которые продали
2) партизан, которого казнили
3) мэр, который знает всех жителей
4) крыша, которая протекает
5) зарплаты, которые получили
6) население, которое стареет
7) младенцы, которые родились
8) беженцы, которых приняли в городскую общину
9) заказы, которые отняли
10) налоги, которые собрали

14 **Обратите внимание на то, что в русском языке прилагательные и причастия, употреблённые в единственном числе среднего рода, могут обозначать какое-либо абстрактное понятие. Употребите прилагательные и причастия, данные в скобках, в таком значении и в правильной грамматической форме.**

Note that in Russian singular neuter adjectives and participles may convey abstract notions. Use the adjectives and participles in brackets in this function as appropriate.

Образец: У этого города нет ___________ (*будущий*).

→ У этого города нет *будущего*.

1) Мы прочитали книгу о ___________ (прошлый) и ___________ (настоящий) Тульской области.

2) ___________ (новый) — это хорошо ___________ (забытый) ___________ (старый).

3) Нам не надо ___________ (чужой).

4) Вы должны получить всё ___________ (положенный).

5) В его обещаниях много ___________ (пустой).

6) Она была одета в ___________ (чёрный) в сочетании с ___________ (белый).

7) Нужно надеяться на ___________ (хороший) и не думать о ___________ (плохой).

8) Он размышлял о ___________ (прочитанный).

9) Кто ___________ (старый) помянет, тому глаз вон.

10) ___________ (написанный) пером не вырубишь топором.

15 **Перефразируйте следующие предложения, употребив в них деепричастные обороты, содержащие деепричастия несовершенного и совершенного вида.**

Replace the following sentences with those containing imperfective and perfective gerunds.

Образец: Газета написала о городе Чекалине и восполнила имеющийся пробел.

→ Газета написала о городе Чекалине, восполняя / восполнив имеющийся пробел.

После того как газета написала о городе Чекалине, она восполнила имеющийся пробел.

→ Написав о городе Чекалине, газета восполнила имеющийся пробел.

1) Мэр ездит в район на персональном автомобиле и самостоятельно крутит баранку.

2) После того как уборщица получила зарплату, она пошла в магазин и купила продукты.

3) Корреспондент газеты сидел в кабинете мэра и расспрашивал его про городское житьё.

4) После того как беженцы приехали в город, они создали частное строительное предприятие.

5) Город мог бы развиваться и не получать дотации.

16 Переведите следующие предложения на русский язык.
Translate the following sentences into Russian.

1) There is little information about everyday life in Russian villages, whereas there is a plethora of information about Moscow and St Petersburg.

2) The history of Russia's smallest town dates back 439 years.

3) Originally called Likhvin, Chekalin was renamed in 1941 after a sixteen-year-old partisan killed by the Nazis.

4) The shops sell surplus milk, pork and potatoes.

5) The town's mayor has a name identical to that of the last tsar.

6) Although he is entitled to use the council's car, he goes to work every day on foot.

7) He knows every single citizen by name, even the children.

8) The mayor receives people every day to help them with domestic or financial problems.

9) Because of lack of funding and the aging population there is a distinct need to attract an oligarch to the region.

10) The recent influx of refugee families has meant an increase in population and consequently jobs.

17 Каким видит будущее своего города его мэр Романов?
How does Mayor Romanov see the future of his small town?

18 Опишите условия жизни в небольшом городке в вашей стране.
Describe conditions in a small town in your own country.

1 **Прочитайте следующий текст и отметьте, какие из нижеприведённых утверждений соответствуют его содержанию, а какие — нет.**
Read the text and indicate which of the following statements are true and which are false.

	Да	Нет
1) Меры, предложенные Министерством экономического развития, направлены на сдерживание инфляции.		
2) Уровень инфляции соответствует идеалу.		
3) В результате инфляции растёт стоимость коммунальных услуг.		
4) За 10 месяцев цены на услуги ЖКХ выросли больше чем на треть.		
5) Государственная Дума приняла окончательный вариант закона о регулировании тарифов ЖКХ.		
6) Бóльшая часть жилищного фонда страны — это муниципальное и государственное жильё.		
7) Более половины жилых домов и квартир в стране нуждаются в ремонте.		
8) Не все люди платят полную стоимость жилья.		
9) В большинстве квартир есть счётчики на воду.		
10) Нормативное регулирование цен на услуги ЖКХ со стороны государства необходимо, пока в этой сфере существуют локальные монополисты.		

НОВАЯ РЕФОРМА ЖИЛИЩНО-КОММУНАЛЬНОГО ХОЗЯЙСТВА РОССИИ

На э́той неде́ле гла́вная те́ма — э́то, коне́чно, инфля́ция. В четве́рг Министе́рство экономи́ческого разви́тия предста́вило паке́т **мер**, напра́вленных на то, что́бы ка́к-то **обузда́ть** э́ту инфля́цию. В теку́щем году́ уже́ далеко́ ушла́ э́та инфля́ция от идеа́ла в 8,5 проце́нтов, сейча́с уже́ 11,5, мо́жет быть, в конце́ концо́в бу́дет да́же бо́льше. Для нас с ва́ми э́то означа́ет, коне́чно же, бы́стрый рост цен, пре́жде всего́ и́менно рост **коммуна́льных платеже́й де́ржит па́льму пе́рвенства** в э́том печа́льном спи́ске. По да́нным Федера́льной слу́жбы стати́стики, с января́ по октя́брь це́ны на **коммуна́льные услу́ги** вы́росли на 31,7 проце́нта. Серьёзно, да? Рост квартпла́ты за 10 ме́сяцев — на 32 проце́нта. Э́то в сре́днем по стране́, но есть райо́ны, где э́то 40 проце́нтов и да́же 50 проце́нтов. В пя́тницу Госуда́рственная ду́ма приняла́ в пе́рвом чте́нии **попра́вки** к зако́ну «Об осно́вах регули́рования тари́фов коммуна́льного ко́мплекса», в кото́ром предусма́тривается, что **преде́льные** тари́фы на **услу́ги** организа́ции ЖКХ бу́дут определя́ться прави́тельством Росси́и ещё до приня́тия бюдже́та на сле́дующий год, то есть э́то бу́дет контроли́роваться федера́льным прави́тельством.

мера — measure
обуздать — to keep in check
коммунальные платежи — public utilities bills
держать пальму первенства — to be at the top of the list
коммунальные услуги — public utilities
поправка — amendment
предельный — maximum
услуга — service

Напо́мню ци́фры: сейча́с у нас **жили́щный фонд** составля́ет 2,9 миллиа́рда квадра́тных ме́тров, из них 20 проце́нтов — муниципа́льное жильё, 5 проце́нтов — госуда́рственное, 75 проце́нтов — ча́стное. Э́то приватизи́рованные кварти́ры.

жилищный фонд — housing resources

В сре́днем по стране́ **изно́с** жили́щного фо́нда составля́ет 60 проце́нтов. В глуби́нке в не́которых места́х э́то 100 проце́нтов изно́са. То есть лю́ди живу́т в таки́х усло́виях, в кото́рых жить, в о́бщем, нельзя́. Что́бы привести́ э́то в поря́док, ну́жно заплати́ть, ну́жно потра́тить огро́мные су́ммы. Но сего́дняшние тари́фы, сего́дняшняя пла́та за жили́щно-коммуна́льные услу́ги уже́ абсолю́тно **несоразме́рны** ни с пе́нсией, ни с за́работной пла́той **подавля́ющего большинства́ трудя́щихся**.

износ — wear and tear
несоразмерный — disproportional
подавляющее большинство — overwhelming majority
трудящиеся — working population

Поэ́тому мы договори́лись сра́зу ещё в 1994 году́, что лю́ди тра́тят на э́ти це́ли, то есть на опла́ту жили́щно-коммуна́льных услу́г, не бо́лее 22 проце́нтов от **совоку́пного** семе́йного **дохо́да**. Поэ́тому бо́льше лю́ди уже́ не пла́тят.

совокупный доход — combined income

О́коло 13 проце́нтов населе́ния страны́ по́льзуются услу́гами по субсиди́рованию платеже́й. А **что каса́ется** э́того зако́на, **безусло́вно**, наступи́л пери́од, когда́ на определённое вре́мя, допу́стим, на 3–5 лет, ну́жно ограни́чить систе́му ро́ста тари́фов, что́бы не **перекла́дывать** всё то **безу́мие**, кото́рое сего́дня происхо́дит там, в це́ну для потреби́телей.

что касается — as regards
безусловно — undoubtedly
перекладывать — to lay
безумие — madness

Докуме́нт по **сде́рживанию** тари́фов, кото́рый при́нят Госуда́рственной ду́мой, даст минима́льный эффе́кт, потому́ что большинство́ населе́ния Росси́и живёт в дома́х, где опла́та идёт по **нормати́вам**. Нет **счётчиков** в дома́х. А ведь наш **ито́говый** платёж — э́то тари́ф, **умно́женный** на нормати́в. В Москве́ нормати́в по воде́ — 320 ли́тров. А когда́ устана́вливают счётчик, ока́зывается, что челове́к потребля́ет ма́ксимум 120 ли́тров.

сдерживание — restriction
норматив — cost standard
счётчик — meter
итоговый — final
умноженный на — multiplied by

В ра́мках ры́ночной эконо́мики существу́ют лока́льные монополи́сты. Они́ не **подве́ржены** зако́нам конкуре́нции, они́ не конкури́руют, но устана́вливают це́ны как ры́ночное предприя́тие. Е́сли есть лока́льный монополи́ст, то еди́нственный спо́соб регули́ровать его́ це́ны — э́то нормати́вное регули́рование со стороны́ госуда́рства.

подвержен — subjected

(По материалам стенограммы телевизионной программы В. Познера «Времена», ноябрь 2005 г.)

2 Выберите подходящий по смыслу синоним.
Choose the appropriate synonym.

1) Министерство экономического развития представило *свёрток* / *пакет* мер, направленных на *обуздание* / *усмирение* инфляции.

2) Происходит *быстрый* / *резвый* рост коммунальных платежей.

3) Государственная дума приняла *поправки* / *исправления* к закону о регулировании тарифов ЖКХ.

4) *Износ* / *Изнашивание* основных фондов составляет 60 процентов.

5) На оплату услуг ЖКХ граждане должны тратить не более 22 процентов от *объединённого* / *совокупного* семейного дохода.

6) Около 13 процентов населения страны пользуются услугами по субсидированию *уплат* / *платежей*.

7) Необходимо на *определённое* / *назначенное* время ограничить рост тарифов.

8) Принятый Госдумой документ по *сдерживанию* / *усмирению* тарифов даст минимальный эффект.

3 **Дополните следующую таблицу недостающими формами.**

Complete the following table by inserting the corresponding verb or a noun.

Глагол	Существительное
1) обуздывать / обуздать	
2)	рост
3) поправлять / поправить	
4)	чтение
5) регулировать / отрегулировать	
6)	принятие
7) контролировать / проконтролировать	
8)	износ
9) ограничивать / ограничить	
10)	трата

4 **Составьте словосочетания из следующих слов. Где необходимо, употребите предлоги.**

Combine the following words to make collocations. Use prepositions where necessary.

рост / цены
цены / коммунальные услуги
поправки / закон
регулирование / тарифы
плата / квартира
счёт / январь
счётчик / вода
оплата / нормативы

5 **Дополните следующие предложения, содержащие конструкции времени, подходящими по смыслу предлогами.**

Complete the following sentences which contain expressions of time by adding the appropriate prepositions.

1) ______ этой неделе главная тема — это инфляция.

2) Пакет мер по обузданию инфляции был представлен ______ конце недели.

3) Предельные тарифы на услуги ЖКХ будут определяться правительством России ещё ______ принятия бюджета ______ следующий год.

4) Начиная ______ прошлого года коммунальные платежи значительно выросли.

5) ______ января ______ октябрь цены на коммунальные услуги выросли на треть.

6) Тарифы ______ 10 месяцев увеличились на 32 процента.

7) Государственная дума приняла бюджет ______ следующий год.

8) ______ 1994 года семья платит за коммунальные услуги не более 22 процентов от совокупного семейного дохода.

9) Рост тарифов следует ограничить ______ 5 лет.

10) Вчера пришёл счёт за телефонные переговоры ______ декабрь.

11) Она заплатила за квартиру ______ две недели после получения квитанции.

12) Тарифы повысили ______ месяц раньше, чем все ожидали.

13) О повышении цен объявили _____ три дня до вступления в силу этого постановления.

14) ______ Нового года устанавливаются новые тарифы на оплату воды.

15) Тем, кто просрочил платёж за квартиру _____ 6 месяцев и более, грозит выселение.

6 **Разделите следующие существительные с суффиксом *-чик* на две группы: 1) одушевлённые существительные и 2) неодушевлённые существительные.**
Divide the following nouns with the suffix *-чик* into two groups: 1) animate nouns and 2) inanimate ones.

счётчик
пулемётчик
лётчик
передатчик
налётчик
попутчик
датчик
переводчик

7 **Образуйте названия лиц от следующих существительных, используя различные суффиксы. Придумайте предложения с образованными вами существительными.**
From the following nouns form people's names using the appropriate suffixes. Use the nouns you have just formed in sentences of your own.

Образец: монополия → монополист

экономика
бюджет
банк
акция
потребление
конкуренция
контроль
статистика

8 **В следующих предложениях употребите в правильной форме нижеприведённые слова.**
Complete the following sentences by using the words below as appropriate.

жилой, пожилой, жилищный, живой, животный, живущий, живучий, живительный, жизненный

1) Износ ____________ фонда страны составляет более 60 процентов.

2) Люди, ____________ в приватизированных квартирах, должны сами платить за ремонт своих домов.

3) Директор уже ____________ человек, он скоро выйдет на пенсию.

4) ____________ и растительный мир России богат.

5) Кактус — неприхотливое и весьма ____________ растение.

6) Вопрос повышения цен затрагивает ____________ интересы всех граждан страны.

7) Говорят, что горный воздух обладает ____________ силой.

8) Обсуждение закона о регулировании тарифов вызвало ____________ интерес всех граждан страны.

9) Здесь находится не учреждение, а обычный ____________ дом.

10) В супермаркете продают замороженную и ____________ рыбу.

9 **Дополните следующую таблицу глаголами соответствующего вида.**

Supply the missing verb form.

Несовершенный вид	**Совершенный вид**
1) направлять	
2)	обуздать
3) предусматривать	
4)	определить
5) напоминать	
6)	составить
7) приводить	
8)	договориться
9) касаться	
10)	допустить
11) перекладывать	
12)	установить

10 **Дополните следующие предложения, употребив нижеприведённые глаголы в правильной грамматической форме.**
Complete the following sentences by using the verbs below as appropriate.

класть / положить; вкладывать / вложить; докладывать / доложить; закладывать / заложить; накладывать / наложить; откладывать / отложить; перекладывать / переложить; подкладывать / подложить; предлагать / предложить; прикладывать / приложить; прокладывать / проложить; раскладывать / разложить; складывать / сложить; укладывать / уложить

1) Нужно ограничить рост тарифов, чтобы не ___________ всё то безумие, которое сегодня происходит там, в цену для потребителей.

2) Необходимо ___________ как можно больше денег в ремонт изношенного жилого фонда.

3) Реформу ЖКХ долго ___________, прежде чем начать её проведение.

4) Наш поезд отправляется завтра рано утром. Пора ___________ чемоданы.

5) Директор строительной организации будет ___________ о её работе на завтрашнем заседании.

6) Министр пообещал ___________ все усилия, чтобы наладить работу ЖКХ.

7) На этой площади вчера ___________ памятник известному поэту.

8) Секретарша ___________ разбросанные бумаги и вышла из кабинета.

9) Молодой человек ___________ на тарелку целую гору салата и начал с аппетитом есть.

10) Необходимо ___________ конец неконтролируемой инфляции.

11) Эту железную дорогу ___________ в середине прошлого века.

12) Докладчик ___________ обсудить проблему ЖКХ.

13) Она ___________ подушку под голову и крепко уснула.

14) Неожиданно приехали родственники из другого города, пришлось ___________ для них диван в гостиной.

15) К заявлению необходимо ___________ копию диплома.

11 **Дополните следующие предложения нижеприведёнными вводными словами. Обратите внимание на возможность вариантов.**
Complete the following sentences by using the parentheses below. Note that sometimes several options are possible.

допустим; по данным службы статистики; по мнению автора; оказывается; безусловно; конечно

1) Главная тема этой недели — это, ___________, инфляция.

2) ___________, с января по октябрь цены на коммунальные услуги выросли больше чем на треть.

3) Что касается нового закона, то, ___________, наступил период, когда необходимо регулировать рост тарифов.

4) На определённое время, __________, на 3–5 лет, нужно ограничить систему роста тарифов на услуги ЖКХ.

5) ___________, такие меры сдерживания тарифов необходимы.

6) ___________, люди расходуют гораздо меньше воды, когда в квартире есть счётчик.

12 Исправьте лексические ошибки в следующих предложениях.
Correct lexical mistakes in the following sentences.

1) Министерство экономичной развитости представило пакет мер, направленных на обуздание инфляции.

2) В протекающем году инфляция составляет 11,5 %.

3) Рост коммунальных платежей поддерживает пальму первенства в этом списке.

4) Госдума приняла в первом прочтении поправки к новому закону «Об основаниях регулирования тарифов коммунального комплекса».

5) Беспредельные тарифы на услуги ЖКХ будут определяться правительством России до принятия бюджета на следующий год.

6) Чтобы принести в порядок жилищный фонд, нужно потратить много денег.

7) Люди должны тратить на оплату услуг ЖКХ не более 22 % от совокупного семейственного дохода.

8) Единичный способ регулировать цены — это их нормированное регулирование со стороны государства.

13 Переведите следующие предложения на английский язык.
Translate the following sentences into English.

1) Инфляция в текущем году оказалась на 3 процента выше запланированной.

2) Цены на коммунальные услуги, в том числе на квартплату, растут чрезвычайно быстро.

3) В связи с этим правительство решило принять закон о регулировании тарифов на услуги ЖКХ.

4) Бóльшая часть жилищного фонда страны — это приватизированные квартиры.

5) В глубинке большинство домов нуждаются в капитальном ремонте.

6) Сегодняшняя квартплата иногда превышает среднюю пенсию.

7) 22 процента от совокупного семейного дохода — эта предельная сумма оплаты услуг ЖКХ.

8) Не все понимают, что счётчики на воду и газ на самом деле позволяют экономить как на потреблении, так и на оплате этих ресурсов.

14 **Представьте себе, что вы недавно установили в своей квартире счётчики на воду и газ. Ваш собеседник не собирается этого делать. Какой разговор может произойти между вами по этому поводу?**
Imagine that you have had water and gas meters recently installed in your flat. Your friend does not want to have either. Role-play a conversation between you and your friend about your disagreement.

15 **Выделите основные проблемы, о которых идёт речь в тексте.**
Outline the problems discussed in the text.

16 **Расскажите о системе коммунальных платежей в вашей стране.**
Tell what bills an average family in your country has to pay.

КЛЮЧИ • KEYS

ТЕКСТ 1 • TEXT 1 (Денег достаточно)

1 1) нет 2) нет 3) да 4) нет 5) нет 6) да 7) нет 8) да

2 1) доходный 2) поднялась 3) подорожала 4) быстрее; больше; тратить 5) Большинство 6) резкого; рождаемости 7) краткосрочного 8) Плохие; мешают 9) переплачивать; новых 10) ускорить 11) ухудшится 12) малочисленным 13) снижается 14) отрицательных 15) вперёд

3 1) дешевле; дороже 2) раньше 3) быстрее; больше 4) беднее 5) ниже 6) хуже 7) выше 8) малочисленнее

4 1) ребёнка 2) младенец / ребёнок 3) несовершеннолетний 4) новорождённый / младенец 5) детям 6) юноши 7) тинейджеры / подростки 8) юноша / молодой человек 9) детей; ребёнка 10) юношей / девушек

5 1) стабилизационном фонде; миллиарда рублей 2) Международного валютного фонда 3) энергетических мощностей 4) жилищно-коммунального хозяйства 5) Московского государственного университета; годах; миллиона 6) валового внутреннего продукта; триллиона

6 1) две тысячи четвёртом 2) тридцати четырёх целых и одной десятой 3) две тысячи пятом; пятидесяти одного 4) две тысячи четвёртый; пятьсот двадцать две целых и три десятых; первое; две тысячи пятого; тысяча двести тридцать шесть целых и пять десятых 5) две тысячи пятого; пятьсот двадцать три целых и шесть десятых 6) первому; две тысячи шестого; тысячи шестисот — тысячи семисот 7) две тысячи шестом; тысячи двухсот; ста 8) пятидесяти пяти 9) девяностых; одного 10) две тысячи восьмом; четырёхсот девяноста пяти 11) две тысячи седьмом — две тысячи десятом; одного с половиной / полутора / одной целой и пяти десятых 12) восемнадцати; шести тысяч; девяти тысяч

7 1) подешевеет; будет стоить 2) пустить 3) решит 4) предпримет 5) могли 6) покупает 7) положить 8) упадут 9) решится 10) достигнет

8 1) раздать 2) продаёт 3) сдают / отдают 4) отдаёт / отдавал 5) передавали / передали 6) задаёт / задавала 7) подать 8) выдавала / давала 9) продают / продавали 10) придаёт 11) предал 12) передают / передавали

9 1) Стабилизационный фонд увеличился, несмотря на то что из него выплатили 523,6 млрд. руб. по кредитам МВФ. 2) Если цена нефти будет 50 долларов за баррель (Если нефть будет стоить 50 долларов за баррель), в стабфонд поступит ещё около 1200 млрд. руб. 3) Как считают экономисты, деньги стабфонда нельзя направлять на решение социальных проблем. 4) В Италии государство оплачивает Интернет за студентов, которые покупают ноутбуки. 5) Если инвестировать деньги в ремонт и модернизацию коммунальных систем, то реформа ЖКХ ускорится. 6) Основная нагрузка по обеспечению пенсионеров ляжет на поколение тех, кто родился в 1990-х гг. 7) Часть средств, которые накоплены в стабфонде, государство может положить на счета новорождённых. 8) Если вкладывать деньги в надёжные активы, то у каждого ребёнка к его совершеннолетию на счёте будет лежать от 6000 до 9000 долларов.

10 1) оценке 2) расчётам 3) мнению 4) данным 5) оценке / расчётам 6) версии / мнению 7) оценке / расчётам 8) расчётам / оценке

11 1) К февралю, по *расчётам* экономистов, *стабилизационный* фонд увеличится до 1600–1700 млрд. руб. 2) В этом году в фонд *поступит* ещё *порядка* 1200 млрд. руб., и размер фонда достигнет символичных 100 млрд. *долларов.* 3) По *единодушному* мнению экономистов, нельзя *направлять* деньги стабфонда на решение *социальных* проблем. 4) По данным *опроса социальной* службы, многие *россияне поддержали* бы такой вариант. 5) Инфляция может *съесть* все *выплаченные* деньги и сделать малоимущих ещё *беднее.* 6) Большинство родителей не могут *позволить* себе купить ребёнку компьютер. 7) Министр поддерживает *идею* компьютеризации и считает, что государство должно оплачивать *доступ* школьников к *скоростному* Интернету. 8) Гендиректор Центра *экономического* анализа утверждает, что деньги стабфонда стоит потратить на финансирование портового *хозяйства.* 9) Задача *номер* три, по *версии* экономиста, — ускорение реформы жилищно-коммунального *хозяйства.* 10) Если вкладывать деньги в надёжные *активы*, то у каждого ребёнка к 18 годам на *счёте* будет *лежать 9000* долларов.

12 стране; отдельных; богатых; например; штате; Аляски; создан; году; результате; жителей; фонда; нефти; будущих; процентов; полученных; штата; нефтяных; ежегодно; жителями

13 1) Various kinds of stabilisation funds exist in many countries. 2) In Russia the bulk of state revenue comes from the trade in oil, the price of which is constantly increasing. 3) As distinct from professional economists, ordinary Russians think that the Stabilisation Fund should be allocated to the solution of social issues. 4) Economists claim that a rise in wages and pensions will lead to runaway inflation, which will make the poor still poorer. 5) It is necessary to invest in science and education and carry out a computerisation programme for the young. 6) Compact laptops are gradually replacing traditional desktop computers. 7) Building good roads and developing ports is one of the most important tasks facing the Russian economy. 8) Because of the low birthrate pension provision will be jeopardised in the future. 9) Some economists suggest that part of the Stabilisation Fund should be put in the bank accounts of newborn babies so that when the latter are 18 years old they could spend this money on their education. 10) The birthrate in the country is getting lower and is not reaching the required level.

ТЕКСТ 2 • TEXT 2 (Российский долг вышел в высшую лигу)

1 1) да 2) нет 3) нет 4) да 5) нет 6) да 7) да 8) нет

2 1) степени 2) прозрачной 3) притока 4) показателей 5) консервативным 6) предприятий 7) эффективности 8) сырьевом

3 1) повысило 2) высокие 3) приток 4) улучшение 5) рост /повышение 6) повышению 7) пессимистичные 8) увеличение 9) прибыль / выгоду 10) усилило

4 1) инвестиция 2) рейтинговый 3) политика 4) государственный 5) налог 6) пенсионный 7) континентальный 8) монополия 9) сырьё 10) макроэкономический

5 1) инвестиционным качеством, высоким рейтингом, значительными активами 2) на политические риски, на сложившуюся конъюнктуру, на экономическую ситуацию 3) на потенциальную конкурентоспособность, на монопольную позицию, на сырьевой сектор 4) на российскую компанию, на европейскую валюту, на мировую финансовую систему 5) за политическими рисками, за меняющейся ситуацией, за инвестиционными рейтингами

6 1) до некоторой степени 2) в том; в последнее время; из-за высоких политических рисков 3) Под влиянием; в страну; на второй план 4) к российским акциям; в том случае; в составе 5) С ростом; в мировую финансовую систему; от качества

7 1) политические риски, связанные со случаями преследования частных компаний со стороны государства 2) участившиеся преследования частных компаний 3) проданные активы компании 4) претензии налоговых органов, вызвавшие обвал на фондовом рынке 5) возрастающие риски 6) политический риск, остающийся ключевым ограничительным фактором роста рейтинга страны 7) купленные российские бумаги 8) развивающиеся рынки 9) ревизия, состоявшаяся в прошлом году 10) сложившиеся условия

8 1) ждали; стало 2) заявляло; не повышался 3) показал 4) назвать 5) повысило 6) сдавать 7) Отметим 8) усилило; следило

9 1) второй 2) первую 3) вторые 4) третьим 5) седьмом 6) десятое 7) пятое 8) первым

10 1) сделку 2) переделка 3) подделкой 4) отделкой 5) недоделок 6) выделки 7) проделками 8) Разделка 9) доделка 10) сделку

11 1) вылилась 2) переливалась 3) залился 4) влилась 5) залилась 6) отливаться 7) пролилась 8) обливаться 9) налились 10) пролилась 11) слились 12) переливалась

12 1) Russia today has a fairly high credit rating. 2) The decision of the international rating agencies was to some extent surprising. 3) The fact is that you would be hard put to it to call this transaction profitable. 4) Russia still remains a high risk country, politically speaking. 5) However, because of the vast influx into Russia of oil dollars, the potential political risk becomes of secondary importance. 6) The flood of western investments into the Russian economy is acquiring even greater significance. 7) Economic advantages can sometimes counterbalance political risks. 8) It is essential to note that hasty decisions may cost dear.

ТЕКСТ 3 • TEXT 3 (Акции, облигации и воздух)

1 1) нет 2) да 3) нет 4) да 5) да 6) нет 7) да 8) да 9) да 10) нет

2 1) расхожему 2) потребительские 3) заёмные 4) управлении 5) устоявшиеся 6) выпускают 7) вложения 8) указанием

3 1) Существует; «торгуют воздухом» 2) специфические 3) цену 4) основным 5) Приобретая 6) полностью 7) участвовать 8) возрасти 9) сосредоточена 10) занять 11) специальной 12) инвесторы

4 1) овощном и 2) и подъёмный кран 3) и канцелярскими принадлежностями 4) культурный 5) протеста 6) и долю; выплывающими и 7) расставались и 8) и количество денег; и числу 9) интерес и 10) снаружи и

5 1) далёк 2) долог 3) необходим 4) полезен 5) удобен 6) экономичен 7) проста 8) ценна 9) привлекателен 10) интересен

6 акционер, торговец / торговка, биржевик, банкир, собственник / собственница, инвестор, вкладчик / вкладчица

7 1) фондовый 2) потребитель / потребность 3) удобство 4) полезный 5) собственность / собственность 6) уставный 7) заёмный 8) воздушный 9) валюта 10) цена 11) денежный 12) банковский 13) информация 14) прибыльный 15) убыток

8 1) вложение, вхождение, вселение, вживание, вползание, врастание, вторжение
2) важность, возникновение, вредительство, вооружение, воспоминание, воодушевление, восклицание

9 1) выпускает 2) опустить 3) упустить 4) допускать 5) отпускал 6) напустил 7) запустили 8) впустили 9) пропустил 10) напустила 11) подпускать 12) пускают

10 1) Взяв для сравнения чайник, вы привели странный пример. 2) Покупая чайник, он думал о его полезности и удобстве. 3) Говоря о собственных фондах предприятий, мы имеем в виду уставный и заёмный фонд. 4) Приобретая акции, человек получает право собственности на часть предприятия 5) Купив акции, через некоторое время вы можете их продать. 6) Являясь совладельцем предприятия, вы получаете дивиденды. 7) Выпустив ценные бумаги, предприятие затем продало их. 8) Выкупая облигации у инвесторов, предприятие выплачивает им процент.

11 1) There is a widespread opinion that they “trade in fresh air” on the stock market but that is far from the truth. 2) Let us compare for example capital and loan funds. 3) An enterprise normally has private funds in the form of shares and loan funds in the form of debentures. 4) Everybody has heard about the goods and services provided by the major Russian enterprises, such as Yukos and Lukoil. 5) The acquisition of shares gives one ownership rights to a part of the enterprise and one thus becomes a co-partner in it. 6) If you wish to become the owner of an enterprise, you will have to acquire the majority of its shares. 7) Anyone who buys shares can participate in the management of the enterprise and receive dividends. 8) Investors can at any time sell their shares to other investors if they find themselves short of money or if they find a more attractive investment.

ТЕКСТ 4 • TEXT 4 (Небывалые выгоды телекоммуникационного рынка в России)

1 1) нет 2) да 3) да 4) да 5) да 6) нет 7) нет 8) нет 9) да 10) да

2 1) грандиозных 2) Крупная 3) немалые 4) Большое 5) немалых 6) огромную 7) здоровенные 8) большие 9) значительных 10) огромное

3 1) подъёме 2) притока 3) активность 4) понизить 5) выигрыш

4 1) торговля по Интернету 2) заместитель директора 3) точка зрения на сложившуюся ситуацию 4) доступ в Интернет 5) затраты на телекоммуникации 6) бизнес в режиме онлайн 7) подключение к Интернету 8) инвестиции в экономику

5 1) о грандиозных потерях, об огромных прибылях, о новой инициативе 2) на большом подъёме, на значительном расстоянии, в Западной Европе 3) основным инвестором, равноправными партнёрами, цивилизованным обществом 4) к технической революции, к Всемирной паутине, к общему мнению 5) в объявленном тендере, в долевом строительстве, в жаркой дискуссии

6 объяснять причины; анализировать инфраструктуру; предлагать услуги; делать бизнес; занимать выгодное положение; вкладывать средства; окупать грандиозные потери; участвовать в тендере; строить аэропорт

7 1) потребитель, предприниматель, водитель, председатель, победитель, нарушитель, строитель, производитель, грабитель
2) двигатель, путеводитель, скоросшиватель, выключатель, огнетушитель, показатель, растворитель

8 1) наблюдаемый приток инвестиций 2) обанкротившаяся компания 3) произошедшая техническая революция 4) отправленные письма 5) сниженные расходы 6) проводимый тендер 7) потраченные миллиарды долларов 8) вложенные средства 9) полученные лицензии 10) инвестируемые капиталы

9 1) окупить 2) купить / закупить 3) покупают 4) скупили 5) закупают / покупают / накупают 6) раскупили 7) подкупить 8) покупать 9) накупил 10) подкупает

10 1) а / тогда как 2) Чтобы; как 3) чем 4) поскольку / так как 5) как если бы 6) Так как / Поскольку 7) когда 8) чем

11 объём; России; едва; миллиардов; что; меньше; Китае; власти; создать; благоприятные; инвесторов; прошло; победителей; иностранных; осуществляющих; инвестиции; создание; инфраструктуру; российском

12 1) Compared to the West, Russia is seeing a flood of investments in the telecommunications sector. 2) In most countries the popularity of internet sales has declined. 3) The GNP of any country is determined not just by how many industrial enterprises it has, but also by the development level of its telecommunications system. 4) Experts have observed that in recent years new technologies have been appearing in Moscow long before anywhere else. 5) The expenditure on telecommunications is one of the most important items on the spending list of any enterprise, since business today is conducted on-line. 6) Although Russia was comparatively late in joining the technological revolution, this does have its economic advantages. 7) The so-called NGN will be much faster than the normal broadcasting networks. 8) Gaining access to the World Wide Web by telephone is a thing of the past and too slow at that.

ТЕКСТ 5 • TEXT 5 (Иностранные банки в России: громкое и молчаливое присутствие)

1 1) да 2) нет 3) да 4) да 5) нет 6) да 7) нет 8) да

2 1) препятствием 2) Нехватку 3) размеру 4) разделены 5) Деловой 6) Названия 7) состоятельных 8) развивающейся 9) молчаливого 10) продуктивная

3 1) экономика 2) председатель 3) требование 4) стоимость 5) недостаток 6) потенциал 7) правительство 8) наименование

4 1) и нервность; и второстепенных; и минеральными источниками 2) и просроченных; личный 3) в российских больницах 4) и ЦРУ; и кратчайшие 5) и умеренный

5 1) слабость 2) подъём 3) долгосрочные 4) иностранные 5) расширять 6) улучшается 7) приток 8) смягчить 9) минимальный 10) положительные 11) уменьшение 12) громкое 13) высококачественное 14) состоятельные 15) розничный 16) снижение 17) недостатки 18) крупная 19) узкая 20) повысить

6 1) с главным препятствием, с надёжным банком, с состоятельными клиентами 2) о немалом потенциале, о безграничном влиянии, о хорошей репутации 3) на иностранные банки, на правовую инфраструктуру, на узкую специализацию 4) на деловом климате, на совместной стратегии, на рыночной экономике 5) активному присутствию, структурной реформе, дальнейшему развитию

7 1) оперировать, операция 2) реформирование / реформа, реформатор 3) кредитование / кредит, кредитор 4) контролировать, контролирование / контроль 5) рассказывать / рассказать, рассказчик 6) учёт; учётчик 7) занимать; заём 8) создавать / создать, создание 9) продолжать / продолжить, продолжатель 10) свидетельствовать, свидетель

8 1) смягчил 2) получать 3) определить 4) приобрели 5) улучшилась; начались 6) проводить

9 1) Банковские операции были расширены. 2) Требования к иностранным банкам были смягчены. 3) Некоторые банковские правила были либерализованы. 4) В 2001 году были сниже-

ны требования по минимальному размеру уставного капитала. 5) Реформа будет продолжена.

10 1) Рынок в основном уже поделили. 2) Структурные реформы начнут. 3) В России открыли филиалы западных банков. 4) Цели банковской реформы определили в 2001 году. 5) Риски в кредитных операциях снизят.

11 на; вопрос; призвано; проведённое; агентством; инициативе; десяти; российских; нём; зеркале; отношение; деньгам; тому; хотят; распоряжаться; результаты; доверие; граждан; растёт

12 1) Росту российской экономики мешает слабость банковской системы. 2) Экономисты возлагают надежды на более активное присутствие в России иностранных банков. 3) Центральный банк России смягчил требования к иностранным банкам. 4) Некоторые западноевропейские банки предоставляют высококачественное обслуживание для состоятельных клиентов. 5) Новые на российском рынке иностранные банки сталкиваются с такими проблемами, как создание хорошей репутации. 6) Несмотря на улучшение правовой инфраструктуры деловой климат в стране оставляет желать лучшего. 7) По имеющимся сведениям, некоторые банки выбрали путь узкой специализации. 8) Российское правительство серьёзно намеревается снять все ограничения на операции иностранных банков в России.

ТЕКСТ 6 • ТЕХТ 6 (Плюсы и минусы дешёвого «Биг Мака»)

1 1) нет 2) да 3) да 4) нет 5) да 6) нет 7) да 8) да

2 1) в 2) б 3) в 4) а 5) а 6 в 7) в

3 справедливый; обыватель; макроэкономический; денежный; спекуляция / спекулянт; валютный; деревянный; отечество; импортный; аналогичный

4 забавный индекс; солидные экономисты; реальная стоимость; разные страны; хитрые соседи

5 американцы, американец; швейцарец, швейцарка; китайцы, китаянка; англичане, англичанин; француз, француженка; немцы, немка; японцы, японец; поляк, полька; чехи, чешка; болгарин, болгарка

6 1) рассчитывается 2) показаться; используется 3) основывается 4) получил 5) готовится 6) обходится 7) Получается; является 8) верить 9) обидеться 10) останутся

7 1) ста 2) три целых и пятнадцать сотых 3) четыре целых и девяносто три сотых 4) одна целая и тридцать сотых 5) пятьдесят девять 6) одну целую и шесть десятых 7) пятнадцати; тридцати

8 1) переоценил 2) уценили 3) оценить 4) недооценивает 5) ценит

9 1) Недавно журнал опубликовал индекс «Биг Мака». 2) Экономисты используют этот индекс для сравнения реальной стоимости денег в разных странах. / Этот индекс используется экономистами для сравнения реальной стоимости денег в разных странах. 3) На первый взгляд этот индекс не кажется слишком серьёзным. 4) Вы можете купить гамбургер более чем в ста странах. 5) Дороже всего гамбургер обходится жителям Швейцарии. 6) Самой недооценённой валютой по отношению к доллару является китайский юань. 7) В России доллар должен стоить в два раза дешевле. 8) Многих людей пугает перспектива поддержать зарубежного производителя.

10 1) Индекс «Биг Мака» мог бы показаться несерьёзным. 2) Этот индекс был бы интересен простым обывателям. 3) Гамбургер готовился бы по одному рецепту, если бы были необходимые ингредиенты. 4) В России доллар должен был бы стоить в два раза дешевле. 5) В недооценённости национальной валюты было бы больше плюсов, чем минусов. 6) Немногие российские товары остались бы конкурентоспособными по отношению к импортным аналогам. 7) Людей пугала бы перспектива остаться без работы. 8) Многие люди нашли бы, куда деть сэкономленные на гамбургерах деньги.

11 1) Индекс «Биг Мака» используется солидными экономистами для сравнения реальной стоимости денег в разных странах. 2) Стоимость денежных знаков страны зависит не от объективных факторов, а от политики государства. 3) Самым удачным товаром для сравнения является «Биг Мак». 4) Согласно последним данным, китайский гамбургер самый дешёвый. 5) Китай старается не допустить укрепления юаня до справедливого уровня.

13 1) It is surprising that economists should use such a strange index to compare the real value of money in different countries. 2) The real value of money often depends on subjective factors. 3) The exchange rate of a currency is calculated in such a way that the same quantity of goods can be bought for the same amount of American dollars. 4) Globalisation resulted in McDonald's existing in more than 100 countries. 5) A Big Mac has a different price in different countries, the most expensive being in Switzerland. 6) The Chinese yuan and the Russian ruble are undervalued in relation to the American dollar, but there are more pluses than minuses in this. 7) If the ruble were estimated at its true value, a Big Mac would cost more than three dollars. 8) The strengthening of the ruble may result in a reduction in the price of imported goods on the Russian market.

ТЕКСТ 7 • TEXT 7 (Недвижимость для нерезидентов)

1 1) нет 2) да 3) нет 4) нет 5) да 6) нет

2 1) подоходный 2) отечественный 3) недвижимость 4) юрист 5) налогоплательщик 6) налоговый кодекс 7) сделка 8) льгота

3 1) партнёр 2) законодательство 3) объяснение 4) ограничение 5) налогообложение 6) имущество 7) приобретение 8) разница

4 1) и приятель 2) и инопланетян 3) на магнитофон 4) известных песен 5) и химических 6) и убытков; и за его пределами 7) полезных ископаемых 8) и теоретической 9) и взятку 10) труд и отдых

5 1) законодательстве 2) разумное 3) неоправданных 4) начисления 5) недвижимого 6) вычеты 7) жёсткий 8) сделок

6 юридическая фирма; разумное объяснение; российское законодательство; отечественное производство; развитая страна; физическое лицо; календарный год; недвижимое имущество; налоговые вычеты; подоходный налог; жёсткий порядок

7 1) существуют 2) отечественных 3) находился 4) Нерезидент; приобретения 5) минимизации

8 1) на; по; в; от 2) В; от; в 3) под; от; от; При; на 4) из; на 5) за; в; в; за 6) к; за 7) на; от; в; в 8) к; в

9 1) расходы 2) вход; обход; выходом 3) доходы 4) обход 5) подход 6) Переход 7) выход 8) отход 9) прихода 10) ухода

10 1) действующих 2) касающиеся 3) находящиеся 4) полученных 5) минимизирующие 6) получивший; превышающей 7) установленный 8) предусматривающее

11 1) При взимании налога с иностранных граждан 2) При начислении налога 3) При продаже недвижимости 4) При покупке квартиры 5) При обращении к юристам 6) При вычете налогов 7) При получении статуса резидента 8) При ущемлении прав нерезидентов

12 1) An entire series of Russian laws limits the rights of non-residents. 2) By non-resident we mean a foreign citizen who has been fewer than 183 days on Russian soil in any single calendar year. 3) Unlike residents, non-residents do not have the right to tax reductions on property. 4) Foreign clients very often do not know how to minimise the tax risks when they purchase a flat. 5) If a resident has been in possession of a flat for more than 5 years, he is fully exempt from paying tax when he comes to sell it. 6) The harsh application of property rights for non-residents would seem to be both economically unsound and even unjust. 7) Russia's new tax code deprives non-residents of any tax deductions. 8) Any foreign citizen buying property in Russia should seek advice from a Russian tax consultant.

ТЕКСТ 8 • TEXT 8 (Страна контрастов)

1 1) да 2) да 3) нет 4) да 5) нет 6) да 7) да 8) нет

2 1) опубликовать 2) данные 3) статистика 4) состоятельный 5) волнения 6) доходы 7) различие 8) стремительно 9) потребительский бум 10) инфляция

3 1) последние 2) бедных 3) международным 4) считается 5) Реальные 6) стремительно 7) главным 8) Независимые

4 1) об уровне 2) между доходами; о том; опасную черту 3) По итогам; в доходах / между доходами; в несколько раз 4) По официальным данным; между десятью; самых бедных россиян 5) На Западе 6) между бедными и богатыми; по разнице 7) на десять 8) с так называемым потребительским бумом 9) у кого; у кого 10) без квартиры, еды; на работу

5 1) опубликовать 2) оторваться 3) увеличиваться 4) отличиться 5) сравнивать 6) снижаться 7) подтвердить 8) накапливаться 9) израсходовать 10) связывать 11) подорожать 12) обходиться

6 1) Последние данные об уровне жизни россиян были опубликованы Росстатом. 2) Несколько иная методика расчёта уровня жизни используется западными экспертами. 3) Такая методика была применена специалистами к России. 4) Даже семикратная разница считается социологами запредельной. 5) В 2005 году гражданами было израсходовано больше денег, чем в прошлом году. 6) Некоторыми специалистами это связывается с потребительским бумом в России.

7 1) увеличился 2) отличаются 3) составил 4) определяется 5) уменьшится; окажется 6) радоваться; считают 7) снизилась 8) накапливали; расходовали 9) подорожали 10) обойтись

8 Существительные: 1); 3); 6); 7); 10); 11); 13) 16)
Деепричастия: 2); 4); 5); 8); 9); 12); 14); 15)

9 1) четырнадцати целых и восьми десятых 2) десятью; десятью; двухтысячного 3) тринадцать целых и девять десятых 4) две тысячи третьего; четырнадцать целых и три десятых 5) десяти; двадцати 6) две тысячи пятого; девять целых и шесть десятых; две тысячи четвёртого 7) одиннадцать целых и семь десятых; тринадцати — пятнадцати 8) двадцать три целых и пять десятых / на двадцать три с половиной; двадцать шесть; сорок; пятьдесят шесть

10 1) том; ту 2) то 3) тем 4) той 5) те

11 1) расчёта 2) подсчёт 3) счёт 4) обсчёт 5) зачёт 6) отчётом 7) учёт 8) просчёт 9) пересчёт 10) переучёт

12 1) According to official statistics, the income of the top 10 % of Russians is 14.8 times bigger than that of the lowest 10 %. 2) This bears witness to the fact that the country has crossed the line beyond which there is a grave danger of serious social upheavals. 3) From western methods of calculating standards of living, the abyss between rich and poor is determined by taking the difference in income of 20 % of the population, and not the usual 10 %. 4) In the West the income of the richest citizens is usually 4 to 5 times more than the poorest. 5) If one were to apply this method to Russia, one would find that the rich are only 8 times better off than the poor. 6) Using western indexes, even a sevenfold gap in standards of living appears excessive. 7) Several specialists confirm that Russia is going through a spending boom. 8) Consumerism is actually growing but mainly in the social stratum to which only 10 % of wealthy Russians belong.

ТЕКСТ 9 • TEXT 9 (Богаче английской королевы)

1 1) нет 2) да 3) нет 4) нет 5) да 6) нет 7) да 8) да 9) нет 10) нет

2 1) дурного 2) отечественных 3) почётное 4) развёрнутых 5) крупицам 6) поступления 7) Изготовление 8) фигурантов

3 1) богатый, состоятельный, обеспеченный, имущий, миллиардер, новый русский, зажиточный, богач, Рокфеллер, денежный, нувориш, денежный мешок, миллионер, олигарх
2) бедный, нищий, безденежный, попрошайка, малоимущий, неимущий, бедняк, разорённый

4 1) миллиардов 2) миллионов 3) тысяч 4) гектара 5) квадратных метров 6) сантиметров 7) миллиметров 8) тонны 9) литра 10) граммов / грамм

5 пять, пятёрка; десять, десятка; двенадцать, дюжина; тринадцать, чёртова дюжина; двадцать, двадцатка; тридцать, тридцатка; тысяча; миллион; миллиард

6 пятилетие, восьмилетие, двенадцатилетие, пятнадцатилетие, двадцатилетие, двадцатитрёхлетие, двадцатипятилетие, сорокалетие, пятидесятилетие, столетие

7 1) обладатель крупного состояния 2) комиссия по кооперативной деятельности 3) поступление в институт 4) завод по производству молока 5) выпуск долговременных облигаций

8 1) миллиардерша, мэрша, губернаторша, барменша, докторша, дворничиха, врачиха, поэтесса, клоунесса, продавщица, кладовщица, бизнесменша
2) мэрша, губернаторша, генеральша, докторша, полковничиха

9 1) беднее 2) у́же 3) короче; раньше 4) позднее / позже 5) проще; легче 6) хуже; лучше 7) увлекательнее 8) ближе 9) дальше 10) дольше

10 1) богатейших 2) беднейшего 3) увлекательнейшее 4) ярчайших 5) состоятельнейших 6) скромнейшим 7) широчайшими 8) глубочайший

11 1) Лучшее; хорошего 2) дальнейшем 3) чужого 4) главного 5) нового

12 1) Он женат. 2) Она замужем за однокурсником. 3) Его женитьба была удачной. 4) Она не замужем / незамужняя. 5) Он разведён. 6) Она вдова.

13 1) высчитывает 2) подсчитывать 3) насчитывается 4) считать 5) пересчитывал; обсчитали 6) считается 7) засчитывает 8) считать 9) подсчитать / сосчитать; насчитал 10) досчитал; считал

14 1) чем 2) чему 3) кем 4) чём 5) кого 6) чему 7) что 8) чем 9) что 10) кому

15 1) Forbes Magazine has been calculating the wealth of the world's richest people for many years. 2) A Russian version of Forbes, which calculates the wealth of the richest Russians, first appeared seven years ago. 3) According to its findings, the number of Russian billionaires has increased since 1997 from 4 to 36. 4) The total fortune of Russian oligarchs is equal to one quarter of Russia's GNP. 5) Most Russian nouveaux riches are usually highly educated, middle-aged family men. 6) It was a matter of some surprise for Russians to discover that a woman occupied 35th place in the top hundred. 7) Elena Baturina was lucky enough to be in the right place at the right time. 8) Her biography was hard to establish as hitherto she had never given extensive interviews. 9) The mayor's wife originally managed a firm which manufactured plastics. 10) Most western millionairesses inherited their fortunes but some started from scratch.

ТЕКСТ 10 • TEXT 10 (Куда вложить деньги)

1 1) да 2) нет 3) да 4) нет 5) да 6) да 7) да 8) нет

2 политик, экономист, бизнесмен, бухгалтер, промышленник, производственник, менеджер, поставщик, актиквар, нумизмат, фотограф, живописец

3 премия, платёж, валюта, прибыль, регион, риск, аукцион, выгода

4 1) накопления 2) заверениям 3) платёжным 4) долгосрочные

5 1) трата 2) распродавать / распродать 3) падение 4) сберегать / сберечь 5) слабость 6) инвестировать 7) фотографировать / сфотографировать 8) совет 9) вклад / вложение 10) прогнозировать / спрогнозировать 11) вывоз

6 1) накопления на банковском счёте 2) скидки на отечественные автомобили 3) управляющий банковскими активами 4) спрос на классическую живопись 5) цена на редкий антиквариат

7 1) с насущной необходимостью, с общепринятым мнением, с экспертными оценками 2) денежным властям, плодотворному развитию, возможному прогрессу 3) от всех сюрпризов, от ежегодной инфляции, от неизбежных потерь 4) международным бизнесом, брокерской деятельностью, выгодным инвестированием 5) в нумизматику, в российскую экономику, в нефтяную промышленность

8 1) падение 2) слабого 3) долгосрочных 4) вырастет 5) скидками 6) подорожают 7) прибыльные 8) крупные 9) внутренний 10) преимущества

9 США (Соединённые Штаты Америки); Соединённое Королевство; МВФ (Международный валютный фонд); СНГ (Содружество Независимых Государств); ЕС (Европейский союз); ООН (Организация Объединённых Наций); ВТО (Всемирная торговая организация); ЦРУ (Центральное разведывательное управление); ФБР (Федеральное бюро расследований); ФСБ (Федеральная служба безопасности)

10 1) По оценкам экспертов 2) По мнению экономистов 3) По словам автора 4) По прогнозам специалистов 5) По расчётам аналитиков

11 1) вкладывать 2) отложить 3) доложил 4) заложить 5) приложил 6) проложить 7) уложить 8) предлагают 9) выложила 10) наложил 11) положить 12) подложили

12 данным; международных; течение; трёх; стремятся; своих; активов; нефть; года; долларовые; стран; сократились; «нефтяных»; вызывают; английские; России; может; структуру; золотовалютных; этом; председатель

13 1) В конце года рабочие завода обычно получают хорошие премиальные (тринадцатую зарплату). 2) Новогодние распродажи в большинстве магазинов стали обычным явлением. 3) Аналитики предсказывают, что в следующем году доллар продолжит своё падение, а рубль, наоборот, укрепится. 4) В наше время люди стремятся не упустить возможность сделать выгодные покупки во время летних распродаж. 5) Большие скидки на автомобили обычно предлагаются в Англии в конце августа. 6) В России, как правило, более популярны иномарки, чем автомобили, произведённые на местных предприятиях. 7) Цены могут колебаться от страны к стране в зависимости от установленного на данный момент обменного курса. 8) Акции телекоммуникаций несмотря на колебания цен обычно остаются надёжными и приносят хорошую прибыль. 9) Специалисты говорят, что рынок антиквариата сулит в будущем большие прибыли. 10) Какие бы изменения ни произошли с курсом доллара и ценой на золото, классическое искусство всегда будет высоко цениться.

ТЕКСТ 11 • TEXT 11 (Продаются чужие идеи)

1 1) нет 2) да 3) да 4) нет 5) нет 6) да 7) нет 8) да 9) нет 10) да

2 1) ежемесячно 2) необычность 3) предложение 4) традиция 5) стоимость 6) собственник 7) изготовление 8) соотечественник 9) технология 10) химчистка

3 1) выставляются 2) заявке 3) оптовая; розницу 4) изготовлением 5) пределами 6) доходность 7) сеть 8) плечики

4 1) идёт 2) ведутся 3) вывести 4) выходить 5) приносит

5 1) деловая 2) туристическую 3) произносится и пропускается 4) Первоклассно и; и банкоматов 5) раскинувшегося и; за ограждениями и 6) усыновление и; 7) и экскурсионные 8) и девальвирует 9) и обследовать; и обоняние 10) лопаток и

6 1) агрохолдинга 2) бутик 3) Дилерами 4) инвестору 5) топ-менеджер 6) эксклюзивные

7 1) на экзотической кухне, на сельскохозяйственном производстве, на оптовой торговле 2) высококачественную продукцию, новую фирму, торговую марку 3) ограниченным спросом, большими возможностями, необыкновенной популярностью 4) на широкую публику, на возросшие запросы, на продвинутую молодёжь 5) к предстоящей продаже, к сегодняшнему приёму, к большим переменам

8 1) ферма по выращиванию обезьян 2) база данных 3) игрушка для жены банкира 4) предложение о продаже бутика 5) эксклюзивные права на издание комиксов 6) нюх на перспективные идеи

9 политическая корректность; аграрный холдинг; сельскохозяйственная продукция; мультипликационный фильм; издание книг; химическая чистка

10 1) ежесекундно 2) ежеминутно 3) ежечасно 4) ежедневно 5) еженедельно 6) ежеквартально 7) ежегодно

11 1) экзотичнее; интереснее 2) подробнее; легче 3) выше; дороже 4) ниже; дешевле 5) отдалённее; привлекательнее

12 1) выставляется 2) специализируется 3) поступило 4) пользовалась 5) продолжается 6) составила 7) начать 8) ведутся 9) распространяться 10) готовится

13 1) двухсот пятидесяти 2) две тысячи второго 3) две тысячи третьего; один миллион пятьсот тысяч / полтора миллиона 4) тысячи пятисот / полутора тысяч 5) семисот пятидесяти тысяч 6) тридцати 7) восьмисот сорока тысяч 8) ста семидесяти тысяч; пяти тысяч

14 1) расположенный на Украине 2) содержащихся в заявке 3) произведённой в соответствии с мусульманскими традициями 4) выставленное на продажу летом 2003 года 5) расположенный в районе Садового кольца в Москве 6) работающими на рынке модной одежды 7) решившая осваивать розницу 8) занимающейся изготовлением и продажей очков 9) находящегося за рубежом 10) уставшие от жизни в России и решившие уехать за границу 11) разработавшая технологию «Объёмное видео» 12) воспринимаемые как более понятные и простые в управлении

15 1) Some of the enterprises which have been put up for sale are based on original business ideas. 2) The creation of a complete production cycle of meat products in accordance with Muslim tradition was a politically correct proposal. 3) On the market agricultural companies enjoy only a limited demand. 4) The boutique on Moscow's Sadovoye Ring is the Russian equivalent of Paris's Colette. 5) The large wholesale trading firm, which decided to go into the retail market, acquired this shop for itself. 6) Many Russians, who are tired of life in Russia, get businesses abroad. 7) Negotiations with potential investors were crowned with success. 8) Comics comprise about 30 % of the book market in Europe, whereas in Russia this corner of the market is only just beginning to expand.

ТЕКСТ 12 • TEXT 12 (Бренды покорили глубинку)

1 1) нет 2) нет 3) нет 4) нет 5) да 6) нет 7) нет 8) да 9) да

2 1) владелец 2) поступил 3) страстно 4) местным 5) реализацию 6) появились 7) прибылью 8) крупные 9) свернуть 10) горы 11) крутится 12) малого

3 1) юноша; хозяин 2) Иначе; нераспроданной 3) свой бизнес 4) лукавит 5) Помимо 6) забросил 7) крупные 8) провинции

4 1) перепродажи и 2) и властелин; и чудное мгновение 3) обновление и 4) сражался и; и переправиться 5) субъективных и; и отложений 6) личное 7) и увеличением 8) «крылья» и

5 1) так же 2) также 3) так же 4) Так же 5) также 6) также 7) так же 8) также

6 1) началась 2) открыл 3) пытался; перебраться 4) учиться; заниматься 5) поделиться 6) отказать 7) устроилась 8) расплатились 9) вернёмся 10) решил; открыть 11) Договориться; оказалось 12) крутится

7 1) существенный момент, сезонную распродажу, важную встречу 2) в столичный университет, на новую работу, на государственную службу 3) в настоящий бизнес, на фондовой бирже, на семиструнной гитаре 4) студенткам-продавщицам, своему отцу, родной матери 5) модным товаром, важной информацией, передовыми идеями 6) с местным химкомбинатом, с заводскими рабочими, с нештатной сотрудницей 7) из престижного университета, из средней школы, из педагогического училища 8) с учёбой, со сложной проблемой, с важными

вопросами 9) с торговым представительством, с иностранными партнёрами, со старшими братьями 10) о вечной красоте, о светлом будущем, о большой прибыли

8 1) начались 2) открыл 3) поступил; брать 4) перебраться 5) выдавать 6) будут помогать 7) расплачивались 8) заходили; не покупали 9) забросил 10) объезжали

9 1) поступил 2) вступила 3) вступать 4) поступают 5) поступать 6) вступил 7) поступает 8) вступать

10 1) подобрал / выбрал 2) выбрать / подобрать 3) собрать 4) отобрать / выбрать / подобрать 5) забрал 6) разобрали 7) набрал 8) собрать 9) избрал 10) обобрали 11) перебрала 12) убрать 13) разобрать 14) подобрать 15) брать 16) отобрали

11 1) обошла / объехала 2) поехать / съездить 3) зашёл; пошли 4) переехать 5) подошла 6) отошла; пошла 7) прошла 8) Прошло 9) перейти 10) ушёл 11) входить; идёт 12) выходил

12 1) Начинающий бизнесмен спросил, начались ли в Москве распродажи. 2) Он сказал, что поступил в университет сразу после школы. 3) Мать сказала, что он должен учиться, а не играть в бизнес. 4) Она сказала, что не могла отказать ему в деньгах. 5) Предприниматель спросил девушек-студенток, хотят ли они работать в его магазине. 6) Он рассказал, что люди заходили в магазин, как на экскурсию. 7) Представители известных брендов поинтересовались, кто у них в провинции будет это покупать. 8) Мать спросила, коммерческий ли это проект. 9) Покупательница спросила, кашемировый ли это свитер. 10) Автор статьи спрашивает, появляются ли у российского малого бизнеса свои традиции.

13 1) Летняя коллекция так и не была распродана несмотря на снижение цены. 2) Многие родители считают, что их дети должны учиться, а не играть в бизнес. 3) Студент подрабатывал втайне от родителей. 4) Она сообщила родителям новость о том, что её отчислили из университета за «хвосты». 5) В 90-х годах иностранные фирмы иногда расплачивались со своими российскими партнёрами партиями одежды или другими товарами. 6) Часто люди ходят в дорогие бутики, как на экскурсию, чтобы просто посмотреть на современные стильные вещи, но никогда ничего там не покупают. 7) Товарооборот магазина увеличился, и он наконец начал приносить прибыль. 8) Крупные универмаги стремятся подмять под себя небольшие магазинчики.

ТЕКСТ 13 • TEXT 13 (Реклама.NET)

1 1) нет 2) да 3) да 4) нет 5) да 6) да 7) нет

2 1) г 2) в 3) а 4) б 5) е 6) ж 7) д

3 1) и роликовыми коньками 2) занятия, дела и 3) Другой и; и двулично 4) и заменяющей 5) и слабовольные 6) заказ и; в теории и 7) спрятанная; улиц и 8) и прибыльных

4 1) сути 2) не в силах 3) экстренном 4) Иной раз; постер 5) вступит в силу 6) приватных

5 последний месяц; прошедший год; решительная борьба; ближайшее время; бурная реакция; пристойное содержание; быстрое реагирование; скрытая реклама; первоначальный взнос; мелкий шрифт

6 1) с алкогольной рекламой, с недобросовестными рекламодателями, с вульгарными постерами 2) серьёзной проблемы, важного вопроса, этических норм 3) по наружной рекламе, по информации, по жилищному строительству 4) на злостных нарушителей, на непорядочно-

го рекламодателя, на московское правительство 5) на замещающую рекламу, на рекламную продукцию, на несанкционированное использование 6) с такими банками, с незарегистрированной фирмой, с генеральным директором 7) важного договора, принятого соглашения, этого протокола 8) о комиссионных расходах, о предоставляемом кредите, о банковских операциях

7 1) в; с 2) По; по 3) В; на; в; рядом с 4) с; на 5) по; на 6) на; с 7) на; в 8) у 9) На; с; до 10) За; к

8 1) москвичи, москвичка 2) петербуржец, петербурженка / жительница Петербурга 3) волгоградцы, волгоградец 4) сочинцы, жительница Сочи 5) ростовчанин, ростовчанка 6) псковитяне, псковитянин 7) туляк, жительница Тулы 8) новгородец, жительница Новгорода 9) архангелогородцы, жительница Архангельска 10) мурманчане, мурманчанин

9 1) председателя 2) Законодатели 3) Работодатели 4) издатель 5) предателем 6) Рекламодатели

10 1) которая 2) что 3) кто 4) как 5) которую 6) что 7) что 8) которые

11 Законодателям; решить; рекламой; правительство; пообещало; ближайшее; убрать; города; рекламных; Социологические; показали; все; адрес; касаются; реализации; совет; антимонопольной; даёт; законности; этичности; иной; конце; эта; занималась; называемой; рекламой; изгнать; рекламу; улиц

12 1) Although advertising is an inevitable part of the modern world, very few people like it. 2) At least one third of all advertisements in Moscow city centre will soon be banned by the city council. 3) Surveys indicate that people object to the design of posters rather than their content. 4) Some posters are so embarrassing that parents do not like their children to see them. 5) A commission has been set up to decide whether some posters should be permitted at all. 6) It is forbidden to advertise some products, so the advertisers will always find a neat way round it. 7) The councillors recognise that advertisements are a good source of income for the city. 8) Many firms trick prospective customers by putting important details in the small print.

ТЕКСТ 14 • TEXT 14 (Триста тысяч за час, тридцать тысяч за пятнадцать минут)

1 1) нет 2) да 3) да 4) нет 5) нет 6) да 7) да

2 1) частных 2) аквариум 3) охватил 4) отдельное 5) скидку 6) личные 7) выбор 8) вдвойне

3 1) кредитование 2) свадьба 3) аквариум 4) техника 5) население 6) покупка 7) комплекс 8) большинство 9) обсуждение 10) пространство

4 1) За пятнадцать минут; за час; до трёх лет 2) через неделю 3) до закрытия 4) на час 5) на два дня 6) с понедельника по субботу 7) без четверти девять; до начала 8) на двадцать 9) в следующем месяце 10) после работы

5 1) рыбками 2) рыбу 3) рыбку 4) лампа 5) лампочка 6) руки 7) Ручка 8) Ножки 9) ноги 10) Книга 11) книжке 12) пузыри 13) пузырёк 14) коврик 15) ковром 16) карточкой 17) карте

6 1) идёт торопливыми шагами и 2) и занятием 3) полушария и 4) и ориентация; поломку и 5) эпизодах и; и стоимости 6) платежа и; и всяких

7 1) предлагаемые кредиты 2) дисконтно-кредитная карта, разработанная совместно с банком «Зенит» / разработанная совместно с банком «Зенит» дисконтно-кредитная карта 3) недавно полученный кредит / кредит, полученный недавно 4) кредит, использованный для по-

купки телевизора / использованный для покупки телевизора кредит 5) оплаченная по кредитной карте покупка / покупка, оплаченная по кредитной карте 6) денежные средства, зачисленные на кредитную карту / зачисленные на кредитную карту денежные средства 7) приобретаемая в кредит мебель / мебель, приобретаемая в кредит 8) востребованные кредитные карты

8 1) устроить 2) надстроили; устроили 3) расстроила 4) строят 5) перестроили; построили 6) достроили 7) построили 8) застроили 9) расстроила 10) настраивают 11) достроили 12) устраивают 13) устроить 14) подстроила 15) перестроить

9 1) При оценке опыта стран Восточной Европы... 2) При пользовании дисконтно-кредитной картой... 3) При получении кредита... 4) При оплате покупок по кредитной карте... 5) При обустройстве жилого пространства или офиса... 6) При приобретении мебели в магазине... 7) При наступлении периода потребительского насыщения...

10 1) to reach a conclusion 2) to buy on credit 3) throughout the world 4) twice as pleasant 5) to be more in demand nowadays

11 1) Вы могли бы оплатить свадьбу по кредитной карте, если бы этого хотели. 2) Бум кредитных карт затронул все сферы жизни. 3) Новая карта Mastercard многофункциональна, по ней даже можно получать скидки. 4) Когда семья хочет улучшить своё жильё, она начинает с того, что покупает новую мебель. 5) Существует опасность, что кредитный бум скоро достигнет точки насыщения.

ТЕКСТ 15 • TEXT 15 (Самый маленький город России)

1 1) нет 2) да 3) да 4) нет 5) нет 6) да 7) да 8) нет

2 1) мелких 2) большинство 3) выжили 4) подъём 5) оптом 6) стареет 7) частное 8) выключили 9) богатейшее 10) быструю

3 1) персональная 2) своя 3) приватной 4) индивидуальный 5) собственных 6) личные 7) частной 8) интимные 9) субъективные 10) персональным

4 1) скупые 2) пробел 3) пожарная 4) нашествия 5) расцвет 6) приёмный 7) соседнем 8) рабочими

5 1) В; в; на 2) на 3) за 4) в; в; в; у 5) на; —; на; в; на 6) у; в; в 7) в; за 8) При; — 9) по 10) — 11) от; на 12) на

6 1) скупые; повседневной; малых 2) сегодняшний 3) экономического; торговых 4) бывший; царской 5) неприёмных 6) Средняя 7) Трудоспособное; бюджетной 8) частное; рабочими 9) Уличное 10) минеральной

7 1) длиннейшая 2) новейшие 3) быстрейшего 4) (со) старейшим 5) тяжелейшую

8 промышленный комбинат; детский сад; охотничье хозяйство; лесное хозяйство; иностранная марка (автомобиля); заработная плата; молочный завод; министерство здравоохранения; профессиональный союз; районный центр

9 сбербанк; спецшкола; автовокзал; автопилот; горбольница; медпункт; морепродукты; цветомузыка; интурист; телеканал

10 1) тысячи ста пятидесяти 2) четыреста сорок 3) двадцати семи 4) девятнадцатого 5) двухсот пятидесяти; тысячи восьмисот 6) семисот пятидесяти 7) двадцати пяти; три; семидесяти; сорока 8) тысяча девятьсот сорок первого 9) восьмисот; пять тысяч девятьсот; семи тысяч 10) пятнадцати 11) пятидесяти 12) сорока

11 тяжёлое времечко; трудный денёк; захолустный городок; пыльный скверик; чахлое деревце; тесный магазинчик; бедный прилавочек; жалкая комнатка; глупая улыбочка; хитрые глазки

12 1) застройки 2) обустройству 3) строительство 4) стройки 5) надстройку 6) строения / постройки 7) перестройка 8) устройство 9) пристройку 10) строения

13 1) проданные излишки провизии 2) казнённый партизан 3) знающий всех жителей мэр / мэр, знающий всех жителей 4) протекающая крыша 5) полученные зарплаты 6) стареющее население 7) родившиеся младенцы 8) принятые в городскую общину беженцы / беженцы, принятые в городскую общину 9) отнятые заказы 10) собранные налоги

14 1) прошлом; настоящем 2) Новое; забытое старое 3) чужого 4) положенное 5) пустого 6) чёрное; белым 7) хорошее; плохом 8) прочитанном 9) старое 10) Написанное

15 1) Мэр ездит в район на персональном автомобиле, самостоятельно крутя баранку. 2) Получив зарплату, уборщица пошла в магазин и купила продукты. 3) Сидя в кабинете мэра, корреспондент расспрашивал его про городское житьё. 4) Приехав в город, беженцы создали частное строительное предприятие. 5) Город мог бы развиваться, не получая дотации.

16 1) Информации о повседневной жизни в российских деревнях мало, в то время как существует избыток информации о Москве и Санкт-Петербурге. 2) История самого маленького города России насчитывает 439 лет. 3) Изначально носивший имя Лихвин, город был переименован в Чекалин в честь шестнадцатилетнего партизана, убитого нацистами. 4) Магазины продают излишки молока, свинины и картошки. 5) Фамилия мэра города такая же, как у последнего царя. 6) Хотя ему положена служебная машина, он каждый день ходит на работу пешком. 7) Он знает по имени всех горожан, даже детей. 8) Мэр принимает посетителей каждый день, чтобы помочь им решить семейные и финансовые проблемы. 9) Ввиду отсутствия финансирования и старения населения существует явная необходимость привлечь в этот район какого-нибудь олигарха. 10) Недавний приток семей беженцев означает рост населения, а следовательно, и увеличение количества рабочих мест.

ТЕКСТ 16 • TEXT 16 (Новая реформа жилищно-коммунального хозяйства России)

1 1) да 2) нет 3) да 4) да 5) нет 6) нет 7) да 8) да 9) нет 10) да

2 1) пакет; обуздание 2) быстрый 3) поправки 4) Износ 5) совокупного 6) платежей 7) определённое 8) сдерживанию

3 1) обуздание 2) расти / вырасти 3) поправка 4) читать / прочитать 5) регулирование 6) принимать / принять 7) контроль / контролирование 8) изнашивать / износить 9) ограничение 10) тратить / истратить

4 рост цен; цены на коммунальные услуги; поправки к закону; регулирование тарифов; плата за квартиру; счёт за январь; счётчик на воду; оплата по нормативам

5 1) На 2) в 3) до; на 4) с 5) С; по; 6) за 7) на 8) С 9) на 10) за 11) через 12) на 13) за 14) После 15) на

6 1) пулемётчик, лётчик, налётчик, попутчик, переводчик
2) счётчик, передатчик, датчик

7 экономист, бюджетник, банкир, акционер, потребитель, конкурент, контролёр, статистик

8 1) жилищного 2) живущие 3) пожилой 4) Животный 5) живучее 6) жизненные 7) живительной 8) живой 9) жилой 10) живую

9 1) направить 2) обуздывать 3) предусмотреть 4) определять 5) напомнить 6) составлять 7) привести 8) договариваться 9) коснуться 10) допускать 11) переложить 12) устанавливать

10 1) перекладывать 2) вкладывать 3) откладывали 4) укладывать 5) докладывать 6) приложить 7) заложили 8) сложила 9) наложил 10) положить 11) проложили 12) предложил 13) подложила 14) разложить 15) приложить

11 1) безусловно / конечно 2) По данным службы статистики 3) конечно / безусловно 4) допустим 5) По мнению автора / Конечно / Безусловно 6) Оказывается

12 1) экономического развития 2) текущем 3) держит 4) чтении; основах 5) Предельные 6) привести 7) семейного 8) Единственный; нормативное

13 1) The current inflation have turned out three per cent larger than planned. 2) Public utilities bills, including rents, are growing extremely quickly. 3) In this connection the government have decided to pass a law regulating public utilities tariffs. 4) The greater part of housing resources are made up of privatised flats. 5) In out-of-the-way places the majority of houses are in need of major repair. 6) Today's rents sometimes exceed the average pension. 7) 22 per cent of the combined family income is the maximum payment for public utilities. 8) Not everybody understands that water and gas meters in fact allow people to save both on the consumption of these resources and the bills for using them.

НАШИ КНИГИ ПРОДАЮТСЯ:

РОССИЯ

МОСКВА

«Московский Дом книги на Новом Арбате»: ул. Новый Арбат, д. 8. Ст. м. «Арбатская»
Понедельник — пятница: 9.00—21.00, суббота — воскресенье: 10.00—21.00
Телефон: (495) 789-35-91, http://www.mdk-arbat.ru

«Торговый дом “Библио-Глобус”»: ул. Мясницкая, д. 6/3, стр. 1.
Ст. м. «Лубянка», «Кузнецкий мост», «Китай-город»
Понедельник — пятница: 9.00—21.00,суббота: 10.00 —21.00, воскресенье: 10.00—20.00
Справки о наличии книг в магазине: (495) 781-19-00, (495)928-35-67
Справки по заказу и доставке книг в интернет-магазине по e-mail bgorders@gmail.com, http://www.biblio-globus.ru

«Дом педагогической книги»: улица Большая Дмитровка, дом 7/5. Ст. м. «Охотный ряд», «Театральная» — выход к Театру Оперетты
Понедельник — пятница: 9.00—21.00,суббота: 10.00 — 21.00 воскресенье: 10.00—20.00
Телефоны: (495) 629-43-92, 629-50-04

«Молодая гвардия»: улица Большая Полянка, дом 28. Ст. м. «Полянка»
Понедельник — суббота: 9.00—21.00, воскресенье: 10.00—19.00
Телефоны: (495) 238-50-01, 780-33-70, www.bookmg.ru

«Торговый Дом книги “Москва”»: ул. Тверская, 8. Ст. м. «Тверская», «Пушкинская», «Чеховская»
Каждый день: с 10:00 до 01:00 без перерыва на обед
Телефоны для справок: (495) 629-64-83, 797-87-17,
Справочная служба: spravka@moscowbooks.ru, http://www.moscowbooks.ru

«Русское зарубежье» ул. Нижняя Радищевская улица, дом 2. м. «Таганская»
Понедельник — суббота: 9.00—21.00, воскресенье — выходной
Телефоны: (495) 915-11-45, 915-27-97, http://www.kmrz.ru

«Компания «Аргумент»
Телефоны: (495) 939-21-76, 939-44-20,939-22-06, http://www.arg.ru

САНКТ-ПЕТЕРБУРГ

«Санкт-Петербургский Дом книги» (Дом Зингера): Невский пр., 28. Ст. м. «Невский проспект»
Каждый день: с 9.00-22.00. без перерыва на обед
Справочная служба: (812) 448-23-55

«Санкт-Петербургский Дом книги»: Невский пр., 62. Ст. м. «Гостиный Двор»
Понедельник — суббота: 8.00—23.00, воскресенье: 9.00—22.00
Справочная служба: (812) 314-58-88, 570-65-46

«Университетский книжный салон»: Университетская наб., 11, Филологический факультет СПбГУ. Ст. м. «Василеостровская»
Понедельник — пятница: 10.00—19.30, суббота: 10.00—18.00, воскресенье — выходной
Телефон: (812) 328-95-11

ИНТЕРНЕТ-МАГАЗИНЫ:

«BOOKS.RU — книги России» http://www.books.ru
«ВСЕ КНИГИ РОССИИ» www.knigirossii.ru
«БОЛЕРО» http://www.bolero.ru тел: (495) 74-256-74

ИРКУТСК

ООО «ПродаЛитЪ»: г. Иркутск, ул. Фурье, 8, ТЦ “Премьер-Центр”, 3-й этаж.
Телефон: (3952) 241-777, 241-786, 334-704, e-mail: realiz@irk.ru, http://www.prodalit.ru

ЭКСПОРТ ИЗ РОССИИ:

ЗАО «Информ-система»
117447, г. Москва, Севастопольский пр., 11а.
Тел.: (095) 127-91-47, факс: (095) 124-99-38, e-mail: info@informsystema.ru

Юпитер-ИМПЭКС
105082, г. Москва, Налесный пер., д. 4.
Тел./факс: (095) 775-00-54, e-mail: export@jupiters.ru

БЛИЖНЕЕ ЗАРУБЕЖЬЕ

Киргизия: **Паритет-С** (Бишкек), tel/fax: +312 66 44 93, www.books.kg, rarity@elcat.kg

Белоруссия: **Академкнига** (Минск), tel/fax: + 375 17 232 46 52, akademkniga@tut.by

ДАЛЬНЕЕ ЗАРУБЕЖЬЕ

OUR BOOKS ARE AVAILABLE IN THE FOLLOWING BOOKSTORES:

Australia: **Language International Bookshop** (Hawthorn), tel: +3 98 19 09 00, fax: +3 98 19 00 32, www.languageint.com.au info@languageint.com.au

Austria: **OBV Handelsgesellschaft mbH** (Wien), tel: +43 1 930 77/227, www.buchservice.at, office@buchservice.at

Belgium: **Post Viadrina** (Gent), tel/fax: +9 233 50 03, www.postviadrina.be, postviadrina@postviadrina.be

Canada: **Troyka Ltd.** (Toronto), tel: +1 416 535 66 99, fax: +1 416 535 32
Middle Eurasian Books (Mississauga), tel: +1 905 828 10 14, fax: +1 905 828 79 67

Czech Republik: **Mega Books International** (Praha), tel: + 420 272 123 19 01 93, fax: +420 272 12 31 94, www.megabooks.cinfo@megabooks.cz
Styria, s.r.o. (Brno), tel/fax: +420 5 549 211 476, www.styria.cz, styria@styria.cz

Cyprus: **Agrotis Import-Export Agencies** (Nicosia), tel: +357 22 31 477/2, fax: +357 22 31 42 83, agrotisr@cytanet.com.cy

Denmark: **Stakbogladen A/S** (Aarhus), tel: +45 86 19 45 22, fax: +45 86 20 91 02, www.stakbogladen.com, slavic@stakbogladen.com

Estonia: **AS Dialoog** (Tartu), tel/fax +372 7 30 40 94, www.dialoog.ee, info@dialoog.ee
OY Suybridge (Tallinn), tel: +372 6 80 29 99, fax: +372-64-19146, suybridge@anet.ee
Meie Raamat (Tallinn), tel: +372 6 01 65 17

Finland: **Foliant Kirjakauppa** (Helsinki), tel/fax: + 358 9 679 768, foliant2005@yandex.ru, foliant@kolumbus.fi
Onegin Books OY (Helsinki), tel: +358 9 726 26 25, www.oneginbo.com, onegin@saunalahti.fi
Ruslania Books OY (Helsinki), tel: +3589 27 27 07 27, fax +3589 27 27 07 20 www.ruslania.com,vera.koltygina@ruslania.com

France: **SEDR** (Paris), tel: +1 33 45 43 51 76, fax: +1 33 45 43 51 23, www.sedr.fr, info@sedr.fr

Germany: **Kubon & Sagner** (Munich), tel: +89 54 21 81 10, fax: +89 54 21 82 18, www.kubon-sagner.de, postmaster@kubon-sagner.de
Esterum (Frankfurt Main), tel.: +49 69 40 35 46 40, fax: +49 69 4909621, www.esterum.com, lm@esterum.com
Buchhandlung "RUSSISCHE BUCHER" (Berlin), tel: +49 3 03 23 48 15, fax +49 33 20 98 03 80 www.gelikon.de, knigi@gelikon.de

Greece: **Арбат** (Athens), tel/fax: +3 010 95 73 400, 010 95 73 480, arbat@ath.forthnet.gr
Avrora (Saloniki), tel: +30 2310 233951, www.avrora.gr, info@avrora.gr

Holland: **Boekhandel Pegasus** (Amsterdam), tel.: +31 20 623 11 38, fax: +31 20 620 34 78, www.pegasusboek.nl, pegasus@pegasusboek.nl

Italy: **Kniga di Doudar Lioubov** (Milan), tel.: +39 02 90 96 83 63, +39 338 825 77 17 kniga.m@tiscali.it
Globo Libri (Genova), tel/fax: +39 010 835 27 13, www.globolibri.it, info@globolibri.it

Japan: **Nauka ltd.** (Tokyo), tel: +81 03 52 59 27 11, fax: +81 03 52 59 27 14, shop@nauka.co.jp

Latvia, Lithuania: **Izglitibas Centrs Durbe** (Riga), tel: +371 784 44 45, fax: +371 784 44 98 www.durbe.edu.lv, nora@durbeture.lv

Kuwait: **Growmore General Trading Co** (Safat), tel:+965 433 87 84/ 431 67 61, fax: +965 433 04 51, gmbooks@qualitynet.net

Slovenia **Ruski Ekspres d.o.o.** (Ljubljana), tel: +386 1 546 54 56, fax: +386 1 546 54 57, mob +386 031 662 073, www.ruski-ekspres.com, info@ruski-ekspres.com

Spain: **Alibri Llibreria** (Barcelona), tel: +34 93 317 05 78, fax: +34 93 412 27 02, www.books-world.com, info@alibri.es
Dismar Libros (Barcelona), tel/fax +34 93 329 89 52, dismar@eresmas.net

Switzerland: **Pinkrus Gmbh** (Zurich), tel: +41 1 262 22 66, fax: +41 1 262 24 34, www.pinkrus.ch, juhu@pinkrus.ch

Turkey: **Yab-Yay** (Istanbul), tel: +90 212 258 39 13, fax: +90 212 259 88 63, yabyay@isbank.net.tr

United Kingdom: **European Schoolbooks Llimited** (Cheltenham), tel: +44 1242 22 42 52, fax: +44 1242 22 41 37, www.eurobooks.co.uk, mmj@esb.co.uk, mjd@esb.co.uk
Grant & Cutler Ltd (London), tel: +44 020 70 20, 77 34 20 12, fax: +44 020 77 34 92 72, www.grantandcutler.com, enquiries@grantandcutler.com

USA: **Russia Online** (Kensington md), tel:+1 301 933 06 07, fax:+1 240 363 05 98, www.russia-on-line.com, books@russia-on-line.com
Schoenhof's foreign books, tel:+1 617 547 88 55, fax: +1 617 547 85 51, www.schoenhofs.com, info@schoenhofs.com